Hanne Wiedenhöfer
Hurra, wir fahren!

Hanne Wiedenhöfer

Hurra, wir fahren!

Eine Radtour den Rhein entlang
von Bingen bis Koblenz

Die Bibliografische Information der Deutschen Bibliothek

Die Deutsche Bibliothek verzeichnet diese Publikation in der Deutschen Nationalbibliografie; detaillierte bibliografische Daten sind im Internet unter www.d-nb.de abrufbar.

Einbandabbildung: © travelpeter, Fotolia
Abbildung auf S. 8 (Ausschnitt) und alle weiteren Abbildungen im Buch sind entnommen aus: *Burgen am Rhein*, Sammlung Rheinisches Land, Bd. 2. – Mit freundlicher Genehmigung von Michael Stollfuß, © Stollfuß Medien, Bonn
Herstellung und Verlag: BoD - Books on Demand, Norderstedt
© 2017 Hanne Wiedenhöfer
ISBN 978-3-7460-1498-2

Vorwort

Widmung an meine Söhne

Beim Umräumen einer Schublade entdecke ich drei DIN-A4-Hefte.

Ich schlage sie auf und beginne zu lesen.

Es ist die Geschichte unserer ersten Radtour am Rhein entlang.

Die Schrift vergilbt langsam, weil ich damals – vor 40 Jahren – einen Bleistift nahm, um sie aufzuschreiben.

Vor einiger Zeit habe ich mal gefragt, ob ihr euch an diese Reise erinnern könnt. Die Antwort kam zögernd: an einiges ganz gut, aber nicht an alles.

Deshalb habe ich beschlossen, sie für euch aufzuschreiben.

Ihr habt diese Reise gemacht, mit viel Mut, einer großen Portion Neugier und so viel Selbstvertrauen, dass es eigentlich nur gelingen konnte.

Ich danke euch.

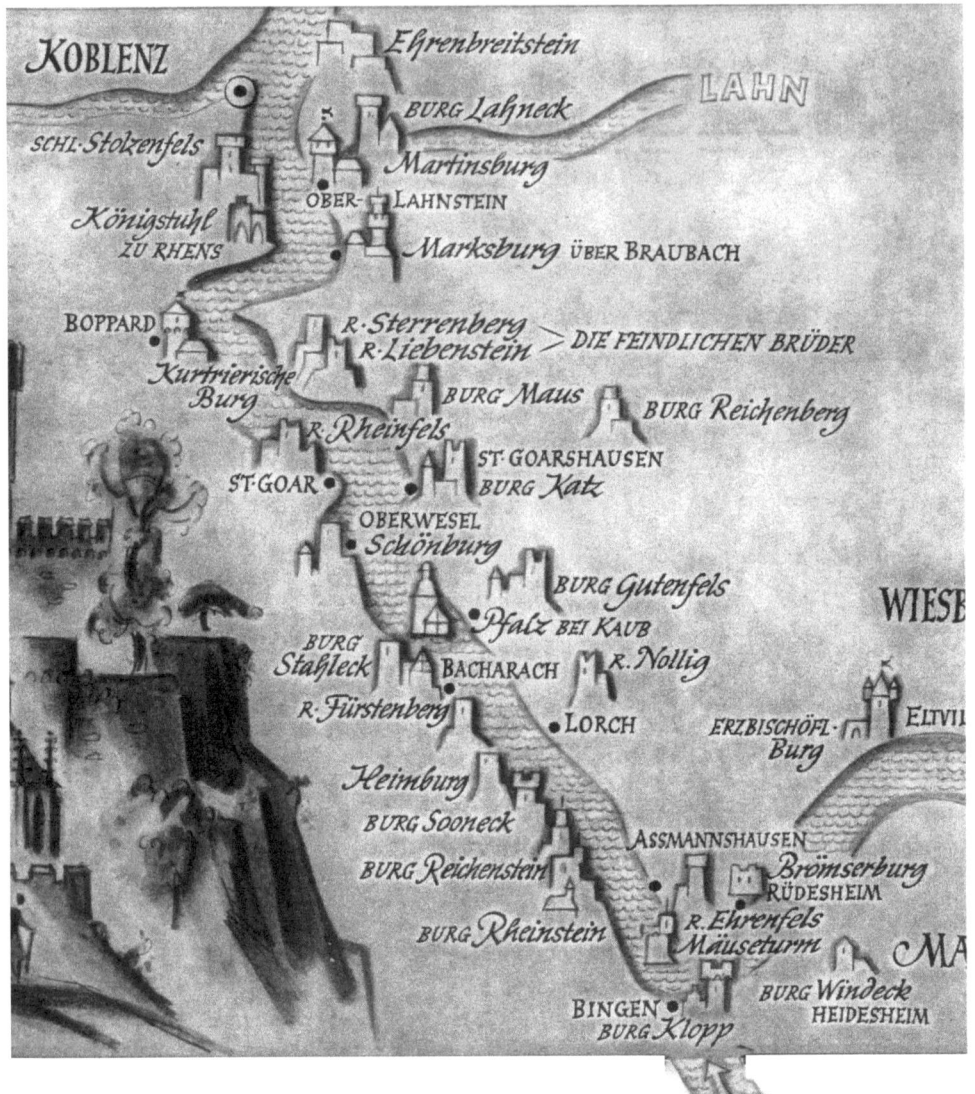

KOBLENZ

Ehrenbreitstein

LAHN

SCHL·Stolzenfels

BURG Lahneck

Martinsburg

OBER-LAHNSTEIN

Königstuhl
ZU RHENS

Marksburg ÜBER BRAUBACH

BOPPARD

R·Sterrenberg
R·Liebenstein

> DIE FEINDLICHEN BRÜDER

Kurtrierische
Burg

BURG Maus

BURG Reichenberg

R·Rheinfels

ST·GOARSHAUSEN

ST·GOAR

BURG Katz

OBERWESEL

Schönburg

BURG Gutenfels

Pfalz BEI KAUB

WIESE

BURG
Staßleck

BACHARACH

R·Nollig

R·Fürstenberg

LORCH

ERZBISCHÖFL-
Burg

ELTVIL

Heimburg

BURG Sooneck

ASSMANNSHAUSEN

Brömserburg

BURG Reichenstein

RÜDESHEIM

BURG Rheinstein

R·Ehrenfels
Mäuseturm

MA

BINGEN

BURG Windeck
HEIDESHEIM

BURG Klopp

RHEIN

Später Nachmittag.

Es war ein Tag wie jeder andere auch, angefüllt mit Alltag, mit kleinen Aufregungen wegen der Kinder, mit einer zerrissenen Hose, mit schmutzigen Händen und Schuhen, als ich sie zum Abendessen rief.

Sie, das sind drei Buben im Alter von 5 ½, 7 ½ und 9 ½ Jahren. Oliver, Markus und Volker. Drei Namen und drei ganz verschiedene Kinder. Jedes mit einer anderen Haarfarbe. So kann ich wenigstens gleich herausfinden, wer es ist, falls mal wieder einer in einem Bauloch Schlammwerfen spielt. Nun ja, das war dann ein Tag, der ereignisreicher als der heutige war. Heute war nichts Besonderes passiert und so hatte ich beschlossen, da der Vater erst später nach Hause kam, noch einen kleinen Spaziergang mit ihnen zu machen. Ich hatte die Brote fürs Abendessen eingepackt, Getränke dazu, und nachdem alle ordentlich gewaschen und gekämmt waren, machten wir uns auf den Weg. Ein paar hundert Meter von dem kleinen Dorf entfernt, in dem wir wohnen, erhebt sich ein Hügel, der unser Ziel war. Den *Galgenberg* nennt man ihn.

Vielleicht hat er in früherer Zeit diesen Namen bekommen, hier in dieser Gegend findet man diese Bezeichnung öfter. Vielleicht im Mittelalter, da ging es hier oft wild zu. Wir haben auch eine Burg, den Waldenstein, auf der Ritter lebten. Allerdings gibt es kaum Informationen darüber, was sich da so abgespielt hat.

Nun, wie dem auch sei, wir wanderten an diesem Abend den Hügel hinauf, mit dem Ziel, dort oben unser Abendbrot zu uns zu nehmen. Ohne Getränke geht's ja nicht, die durften nicht fehlen.

Wir machten öfter solche kleinen Ausflüge, besuchten abends mal ein Pferd, das wir sehr mochten, »unseren« Max, der immer gleich angaloppiert kam, wenn wir ihn riefen, und dann natürlich die saftigsten Kräuter und Gräser bekam. Zum Dank wieherte er dann ganz laut. Er war unser Freund und wir fuhren oft mit den Fahrrädern zu ihm. Der Besitzer wusste das und wir gaben ihm auch nur das Grünzeug, das er erlaubt hatte. Wir wollten ja, dass es Max gut ging.

Manchmal besuchten wir in einem weiter weg gelegenen Nachbardorf ein kleines Pony, das wir »Struppi« getauft hatten. Sein Fell war zerzaust und es war nicht das Schönste, aber es gefiel uns.

Mal mochte es Gras und Kräuter, manchmal eine Karotte oder einen Apfel, und mal auch nicht. Das ergab dann immer Gesprächsstoff für den Rückweg.

Auch heute gab es Stoff für Diskussionen. Was könnten wir in den Ferien machen und anderes.

10

Bald waren wir oben angelangt. Bei einem Wasserhäuschen steht eine Bank. Von dort aus hat man einen wunderschönen Blick auf unser Dörfchen. Die erste Frage war: »Seht ihr das Haus?« Die Rollläden sind halb herabgelassen, es war sehr heiß heute, und so bleiben die Zimmer kühler. Wir verzehrten unser Abendbrot, es war ruhig hier oben, ein ganz leichter Wind ging, und meine Gedanken wanderten weiter bis zum Urlaub, der dieses Jahr wieder nicht für die ganze Familie stattfinden konnte. Vater sagte, er müsse arbeiten, er bekomme in den Sommerferien keinen Urlaub.

Wir hatten uns schon so darauf gefreut und es ging mir nicht aus dem Kopf. Wir fuhren zwar nie weit weg, mal Allgäu, die Eifel oder so, aber es tut immer gut, mal von zu Hause weg zu sein und etwas anderes zu sehen. Sechs lange Wochen Sommerferien zu Hause – ich mochte gar nicht daran denken, wie oft der Nachbar schimpft, wenn wieder ein Fußball in seinem Garten landet.

Ich hatte eine Idee und fing mal ganz vorsichtig an zu fragen.

»Möchtet ihr in Urlaub?«

Zuerst verdutzte Gesichter, dann dreimal kräftig: »JA!«

Nächste Frage: »Und wenn wir allein irgendwohin fahren würden?«

Noch mal: »JA!«

»Und vielleicht mit den Fahrrädern?«

»JA! Wohin?«

»Vielleicht an den Rhein, Burgen angucken und so weiter?«

Ungläubige Gesichter, Staunen, dann Neugierde, wir hatten ihn ja noch nie gesehen, diesen großen Fluss, der durch Deutschland fließt, vom Bodensee bis hinauf zur Nordsee. Oh ja, das wäre schön! Und vielleicht auf einer richtigen Burg schlafen? Das wäre ganz toll! Oh ja, bitte, das machen wir!

Die Fragen nehmen kein Ende. Alle reden durcheinander, bis ich Stopp sage.

»Meint ihr, geht das, würdet ihr so brav sein, dass ich das machen kann mit euch?«

»Natürlich folgen wir, du musst nur sagen, was wir machen sollen.«

Zögernd zuerst, dann auf einmal fast mit Überzeugung, dass es möglich sein müsste, freunde ich mich mit diesem Gedanken an.

Jeder macht Vorschläge, was zu tun ist, was wir mitnehmen müssten, wo schlafen, wie weit fahren am Tag, wohin überhaupt, wie viel Gepäck könnten wir mitnehmen, welche Strecke fahren wir, wie viel Geld würde das kosten, wie lange wären wir unterwegs. Fragen über Fragen! Zelten wird überlegt, dann wieder verworfen, Zelt aufbauen, Kochen, Zelt abbauen, zu viel Aufwand, zu viel Zeug zum Transportieren, geht nicht!

Nach vielem Hin und Her bleibt die Jugendherberge. Eigentlich ist sie ideal für so ein Vorhaben. Dach über dem Kopf, Frühstück und Abendessen buchbar, wenn wir müde und hungrig nach der Fahrt ankommen, ist alles da, was wir brauchen.

So weit, so gut. Aber da ist noch viel zu planen. Es ist bereits Anfang Mai und wir wissen nicht, ob wir überhaupt noch ein Quartier bekommen.

Zu Hause holen wir zuerst mal eine Landkarte, schauen nach, wie weit die Orte auseinanderliegen, in denen JHs sind. Ich rechne mir so etwa die Entfernungen aus, 15 bis 20 km am Tag, das wäre für Kinder dieses Alters bestimmt zu bewältigen. Zumal wir Gepäck dabei haben, das muss ich unbedingt berücksichtigen. Ich will ihnen nicht zu viel zumuten.

Da sind sie, die Zweifel, ob das überhaupt geht. Aber vorerst planen wir mal nur, rede ich mir ein. Man braucht doch etwas, an dem man sich festhalten, auf das man sich freuen kann, und ich habe allen dreien gleich gesagt, wenn es geht, wenn es sich machen lässt, dann fahren wir. Alles noch mit Einschränkungen, mit Vorbehalt, mit Zweifel, ob es sich verwirklichen lässt.

Vor Aufregung können sie nicht einschlafen, und ich sitze noch lange am Bett und wir erzählen, sprechen über vieles, bis ihnen die Augen zufallen. Ganz bestimmt träumen sie von Rittern und Burgen oder Ähnlichem.

Als der Vater heimkommt und ich ihm die Sache erkläre, auch wieso und warum, von wegen Verantwortung für den anderen übernehmen, Kameradschaftsgefühl und auch ein bisschen Disziplin, schaut er mich nur an. Grundsätzlich hat er nichts dagegen, aber viele Wenn und Aber. Himmel noch mal, ich bin doch selbst nicht sicher, ob das geht. Und dann so viele Bedenken. Wir vertagen das Thema. Aber es lässt mich nicht los. Ich liege wach und überlege, was der Reihe nach zu planen und zu tun ist.

Zuerst wäre die Quartierfrage zu regeln, die Finanzen, die Fahrräder, der Kleine hat noch ein 18er Rad, das geht nicht für eine solche Reise, Kinder-Ausweise brauchen wir, Krankenkassen- und Zahnarzt-Scheine, eine Beratung durch unseren Hausarzt wäre vielleicht auch gut. Gepäck für zwei, drei oder vier Wochen, ist alles noch unklar. In dieser Reihenfolge werde ich die Sache angehen und letztendlich schlafe ich darüber ein.

Es war ein guter Schlaf und am anderen Morgen erwache

ich mit ungewöhnlicher Tatkraft. Nachdem das Frühstück mit heißen Diskussionen hinter uns liegt, die morgendlichen Arbeiten erledigt sind, zwei in der Schule sind und der Kleine im Kindergarten, mache ich einen ungefähren Plan, wie die Reise verwirklicht werden könnte.

Die Strecke wird festgelegt, das Mittelrheintal mit seinen vielen Ruinen und Burgen steht an erster Stelle, dabei bleiben wir. Ich mache eine Liste für die Kleidung, die wir brauchen, streiche dann gleich mal wieder die Hälfte, weil es zu viel wird an Gepäck. Notfalls müssen wir irgendwo waschen.

Ich fahre zum Bahnhof, frage, was eine Minigruppenkarte nach Bingen am Rhein kostet, mit Rückfahrkarte natürlich, und wie der Fahrrad-Transport nach Bingen geht. Das geht gut, können wir schon zwei Tage vorher machen, denn 1+3 Personen, viermal Gepäck groß, viermal kleine Taschen und noch vier Fahrräder, das hätte ich nicht gepackt. Ich erfahre dann noch, dass ich einen Koffer mitschicken kann, die Fahrräder gehen nach Bingen, der Koffer gleich nach St. Goar, bahnlagernd, kostet ein paar Mark, aber wir müssen nicht so viel Gepäck transportieren. Das ist schon mal richtig gut, auch die Minigruppenkarte ist preislich im Rahmen.

Meine Zuversicht steigt nach diesen Berechnungen etwas.

Es ist nicht so teuer, wie ich befürchtet hatte. Und meine Sorge, die Kinder könnten zu viel Gepäck haben und ich würde sie überfordern, ist mit dem »mitreisenden« Koffer, den wir dann sogar nach Koblenz weiterschicken können, auch erledigt. So müssen wir nur die täglich notwendigen Dinge, Wäsche zum Wechseln, einen Trainingsanzug und eine Regenjacke, Sportschuhe usw. in unsere Taschen packen. Und das ist schon mehr als genug.

Man denkt gar nicht, was man alles so braucht, wenn man unterwegs ist. Und nicht zu vergessen, ein Federball-Spiel für abends.

Und gleich stellt sich noch ein Problem zur Diskussion: Kann man Fufu, das Bärchen, den Kater und das Äffchen einfach zu Hause lassen, wenn man selbst so lange auf Reisen geht? Bei den zwei Jüngeren stellt sich das als unmöglich heraus. Geht gar nicht. Also, alle drei fahren mit. So langsam wird mir angst und bange vor meinem eigenen Mut.

Am Nachmittag wird eine große Besprechung abgehalten. Was tut jeder dazu, dass es eine Reise mit einer guten Erinnerung wird? Was können sie selbst tun? Viele Vorschläge werden gemacht. Ich schreibe einiges davon auf. Wir müssen Taschengeld sparen, wie, wird gleich diskutiert. Radfahren in der Gruppe üben, wie man Abstand hält, Meldungen über Scherben oder Schlaglöcher-Warnungen. Wir wollen möglichst keinen Platten bekommen. Flickzeug überprüfen. Was jedem wichtig ist, wird besprochen.

Ich schaue mir auf der Landkarte die Orte an, schreibe sie an und bitte um Prospektmaterial, damit wir wissen, was man dort unternehmen kann, so dass wir vorher schon einiges über die Gegend wissen, durch die wir fahren. Man kann dann auswählen, was man vielleicht angucken oder unternehmen möchte oder auch nicht.

So langsam entsteht ein Bild von den Orten und der Strecke, die wir fahren wollen. Wir überlegen: Wie lange bleiben wir in Bingen, in Bacherach auf der Burg Stahleck, in St. Goar, in Boppard und zum Schluss dann auf der Festung Ehrenbreitstein bei Koblenz, der letzten Station? Danach teilen wir die Route ein. Jetzt sind wir bei einer Reisezeit von drei Wochen. Das ist genug.

Jetzt steht mal die Reiseplanung.

Ich schreibe die Jugendherbergen an, schildere kurz unsere Reise und wie viele Übernachtungen wir jeweils brauchen, damit es klappt. Jeden Tag warten wir voller Spannung auf den Briefträger.

Ich versuche, durch eine zusätzliche Beschäftigung vormittags etwas Reisegeld zu verdienen. Die Kinder sparen auch, von allem Geld, das sie für Süßigkeiten oder Eis bekommen, wandert die Hälfte in eine eigene kleine Reisekasse.

Es ist eine Zeit voller Erwartung, Spannung und Vorfreude. Und sie vertragen sich plötzlich auch viel besser.

Irgendwann morgens, als die Post aus dem Briefkasten geholt wird, ist die erste Zusage da: von Bingen, der ersten Station, wo wir vier Tage bleiben wollen. Dann können wir uns etwas an das andere Klima gewöhnen. Das tut uns bestimmt gut.

Der Jubel über die Zusage, als sie aus der Schule kommen, ist riesig. Die Spannung kaum zu ertragen. Was ist, wenn es irgendwo nicht klappt? Aber wir hoffen jetzt alle ganz fest.

Drei Tage später kommt aus Boppard auch eine Zusage. Das ist die vorletzte Station. Zwei Tage später der erste Schock: Von der JH auf der Burg Stahleck bei Bacherach kommt die Nachricht, dass wir nur zwei Tage bleiben können. Sie sind voll belegt. Ich rufe an, wir brauchen den dritten Tag! Nichts zu machen – nun ist guter Rat teuer.

Ich setze mich mit der JH in St. Goar in Verbindung. Ja, es würde sich machen lassen, sie notieren, dass wir einen Tag früher kommen. Die Zusage-Karte über die bestellten zwei Tage in St. Goar sei aber schon raus.

Am nächsten Morgen ist die Karte da. Ich rufe nochmals an, dass wir einen Tag früher kommen, ja, wäre o. k. und notiert. Ich verlasse mich auf das Gespräch, warte aber auf die zusätzliche Bestätigung. Die nicht kommt.

Und dann trifft von Koblenz von der JH auf der Festung Ehrenbreitstein die Bestätigung ein, dass wir acht Tage dort bleiben können. Es ist toll, riesig, einfach wunderbar, wir sind total aus dem Häuschen. Und da steht noch auf der Karte, oben, von Hand geschrieben, ganz lieb: *Wir freuen uns, dass ihr zu uns kommt.*

Da stehe ich, mit der Karte in der Hand und einem Kloß im Hals, als ich den Text der Karte den Kindern vorlese.

Eine kleine Bemerkung und wir freuen uns so sehr darüber.

Jetzt gehen wir daran, die Fahrräder genauestens in Ordnung zu bringen. Der Vater übernimmt diesen Teil fachmännisch. Alles blitzt und strahlt, vor allem aber wird technisch alles überprüft und in Ordnung gebracht. Das ist fast das wichtigste Detail für das Gelingen dieser Radtour.

Beinahe hätten wir noch etwas vergessen: die Anmeldung als JH-Mitglied. In manchen JHs wird man ohne Mitgliedsausweis gar nicht aufgenommen. In einer Buchhandlung holen wir uns den Ausweis, zahlen die Beitragsgebühr für eine Familie und bekommen ein kleines Büchlein, in dem, wie wir später feststellen, immer die jeweilige JH das Datum des Aufenthalts mit ihrem Stempel einträgt.

Jetzt können wir wieder einen Punkt abhaken.

Der JH-Ausweis kommt gleich zum Personalausweis und den Kinderausweisen sowie den Kranken- und Zahnarzt-Scheinen, die wir vorsorglich mitnehmen. Wir überlegen, ob wir eine Schürfwunden-Salbe und ein Mittel gegen Insektenstiche mitnehmen sollen, und entscheiden uns dafür. Unser Doktor berät uns, gibt uns Mull und Pflaster mit, sowie ein Rezept für ein gutes Mittel bei Insektenstichen. Wie gut, dass wir daran gedacht haben. Es soll sich noch als sehr hilfreich erweisen. Wie sehr, ahnen wir noch nicht.

Im Kinderzimmer stapeln sich kleine Berge von Kleidung und all den Sachen, die wir mitnehmen wollen. Jetzt werden nur noch Sachen getragen, die wir für die Fahrt nicht brauchen.

Wir fangen langsam an, nervös zu werden. Da war doch noch was, wir haben bestimmt etwas vergessen, das wir unbedingt mitnehmen müssen. Ich gehe die Liste durch, alles da, aber ich weiß, da war noch was. Keinem fällt es ein.

In der Nacht stehe ich auf, schreibe auf einen großen Zettel: *Regenbekleidung,* und gehe wieder ins Bett. Jetzt kann ich schlafen.

Noch eine knappe Woche. Es ist immer noch keine Bestätigung von St. Goar über die um einen Tag frühere Anreise eingetroffen. Hoffentlich geht das klar, die telefonische Zusicherung haben wir ja. Ich denke, sie haben das einfach vermerkt und es ist in Ordnung.

Vielleicht würden sie es komisch finden, wenn ich noch mal anrufe. Ich versuche mich selbst zu beruhigen. Auch ein Irrtum, wie sich später herausstellen soll.

Zwei Tage vor Reisebeginn bringen wir die Fahrräder zum Bahnhof, kaufen unsere Fahrkarte und hoffen natürlich, dass die Räder den Transport gut überstehen.

Jetzt ist es fast nicht mehr auszuhalten, bis wir endlich fahren.

Ich zweifle zum x-ten Male an der Richtigkeit dieses Entschlusses, allein eine solche Reise mit drei kleinen Kindern zu machen. Aber, rede ich mir ein, wenn irgendetwas ist, kann ich ja wieder nach Hause fahren.

Wir haben jetzt die Sparkässchen geleert, jeder hat einen bestimmten Betrag, den er wöchentlich bekommt und für sich allein verbrauchen darf. Das Reisegeld ist auf ein Postsparbuch eingezahlt, das ist praktisch, weil wir bei der Post notfalls auch samstags Geld abheben können.

Nachts kann ich kaum schlafen, die Aufregung, Albträume und das Reisefieber lassen mich nicht zur Ruhe kommen. Am liebsten würde ich jetzt alles abblasen, die Verantwortung dafür, dass es gut geht, erdrückt mich fast. Es gibt noch mal ein ernstes Gespräch mit den Kindern. Im Gegensatz zu mir sind sie voller Vorfreude.

Der Morgen des Reisetags bricht an. Ich stehe auf, höre eine Amsel singen, die Vögel im Garten zwitschern um die Wette, die Sonne lacht und es verspricht ein schöner Tag zu werden. Auf einmal fällt alles ab von mir und ich fühle mich pudelwohl. Ich summe ein Wanderlied vor mich hin und das Herz wird mir ganz leicht. Man wird sehn, wie's wird, denke ich noch.

Jetzt schaut der Vater besorgt. Er fährt uns mit unseren Reisetaschen zum Bahnhof, wir geben unseren großen Begleitkoffer auf, er geht nach St. Goar, bahnlagernd. Dort muss er warten, bis wir auch in St. Goar sind und frische Kleidung brauchen. Danach geht er noch mal auf die Reise nach Koblenz, wo wir dann den Rest der frischen Wäsche holen, unsere getragenen Sachen einpacken und ihn wieder heimschicken.

Und dann ist schon der Zug da. Wir steigen ein, verstauen alles.

»Seid vorsichtig, passt auf euch auf«, hören wir noch und winken.

Der Schaffner pfeift zur Abfahrt. Wir winken weiter, bis der Zug um die Kurve fährt.

Jetzt beginnt das kleine Abenteuer, denn das ist es wohl,

auch für die Kinder. Und ich fange gleich an, abzuzählen. Was ich in den nächsten Wochen wohl noch öfters machen werde. Alles klar, es ist alles da.

Da sitzen sie nun, nebeneinander, jeder muss auf seine Tasche achten. Aus dem gelben Rucksack des Kleinen schaut der Fufu heraus, und auch den Kater seh' ich aus der Reisetasche lugen. Nur das Äffchen scheint gut eingepackt zu sein. Oder ist es zu Hause geblieben, um dem großen Bären Gesellschaft zu leisten? Damit er nicht so allein ist, wenn alles verreist!

Wir sind bald auf dem Hauptbahnhof in Stuttgart und müssen noch ein Weilchen warten, bis der Zug nach Köln in die große Bahnhofshalle rollt. Also mach ich mal schnell ein Bild. Das erste von vielen Dias, die wir nach Hause bringen werden. Filme haben wir dabei, genug, nehme ich an.

Dann kommt der Zug. Ein bisschen Hektik, bis wir sitzen, und ich zähle schon wieder. Es ist alles da, dann das erste große Aufatmen. Jetzt sind wir wenigstens mal im Zug nach Köln!

Bis Mainz müssen wir fahren, dann umsteigen in einen Bummelzug nach Bingen. Wir haben einen kleinen Zeitpuffer in Mainz und der Zug nach Bingen fährt von einem anderen Gleis ab. Aber ich denke, es wird reichen.

Nach einer halben Stunde Fahrt haben sie schon Hunger und Durst. Beim Frühstück haben sie wohl vor Aufregung zu wenig gegessen. Proviant haben wir dabei, alle sind lustig und vergnügt. Und glauben doch noch nicht so recht, dass das nun wahr geworden ist.

Doch der Zug rollt und bringt uns immer näher an unser Ziel. Wir fahren in die Halle des Mainzer Hauptbahnhofs ein und müssen umsteigen.

Wo ist der Zug nach Bingen? Meine Güte, da sind so viele Züge.

Ein Schaffner hilft uns und wir erreichen den kleinen Zug gerade noch. In ein Abteil hinein, der Schaffner pfeift und ich zähle schon wieder. Wir sinken erschöpft auf vier freie Plätze.

Ein Herr uns gegenüber schaut uns interessiert zu, sagt aber zunächst nichts.

Nach kurzer Zeit fangen wir dann an, die Landschaft zu betrachten, durch die wir fahren, von unserer Fahrt zu reden und ob die Fahrräder wohl da sind, wenn wir in Bingen ankommen.

Der Herr fragt uns, wo wir hinwollen, und so kommen wir in ein sehr nettes Gespräch. Er erzählt uns ein bisschen von der Burg Rheinstein, die wir als erste Burg sehen werden, und von der Geschichte der Burg, das ist recht interessant.

24

Man kann sie auch besichtigen. Anscheinend ist aber eine Menge Mobiliar u. a. aus der Burg verschwunden. Wir hören so eine kleine Familiengeschichte von den Burgbesitzern und die Zeit vergeht wie im Flug.

In Bingen steigt er dann aus und wünscht uns noch alles Gute für unsere Reise. Wir fahren noch 3 km weiter nach Bingen-Bingerbrück. Zum ersten Mal sehen wir den Rhein und sind erstaunt, wie breit der Strom ist und wie schön die Landschaft.

Liebe auf den ersten Blick, könnte man sagen, wenn man diesen Satz auf eine Gegend anwenden kann. Es gefällt uns einfach, der Strom, die Weinberge, die Burgruine Ehrenfels und der Mäuseturm mitten im Rhein.

»Bingen-Bingerbrück – alles aussteigen«, hören wir den Schaffner rufen. Wir nehmen unsere Taschen und das Gepäck – haben wir alles? – ja!

Wo holt man Fahrräder ab? Wir fragen und werden zur Gepäckaufbewahrung geschickt. Und da stehen sie, unsere Fahrräder, unversehrt, scheint es.

Vor dem Bahnhof wird das Gepäck aufgeladen, mit Spanngurten festgemacht und jetzt müssen wir in die Praxis umsetzen, was wir so oft geübt haben. In einer Reihe fahren, Abstand halten und trotzdem zusammenbleiben. Das ist gar nicht so einfach. Es ist etwa 15.00 Uhr und auf der

Straße ist viel Verkehr. Zweifelnd und doch auch ein bisschen stolz schau ich meine kleine Truppe an.

Die JH liegt etwa 2 km weiter oben im Ort.

Es klappt ganz gut mit dem Fahren, denke ich, doch man soll den Tag nicht vor dem Abend loben. In einer Straße unterhalb der JH passiert es. Der Große zieht das Fahrrad über eine Gehwegkante, es klirrt und die Fahrradkette ist gebrochen. Das Kettenschloss hat sich gelöst. Mein Gott, wenn das auf einer Abfahrt passiert wäre! Den Schrecken darüber kann man mir bestimmt am Gesicht ablesen. Wir suchen eine Werkstatt, bitten um Hilfe.

Der Inhaber ist nett, meint, er kann es reparieren, aber er müsste das Kettenschloss dazu haben. Ich suche, vielleicht finden wir es und können dann gleich weiter. Ein Teilchen entdecke ich, aber das nützt nichts. Wir versprechen, am nächsten Tag in Bingen ein Kettenschloss zu kaufen, und lassen das Fahrrad in der Werkstatt.

Jetzt muss der Große laufen, Fahrrad-Tasche über die Schulter, und abmarschiert.

Was für ein Bild, ich erbarme mich, hänge seine Fahrrad-Tasche noch bei mir am Fahrrad an und so kommen wir total erschöpft an der JH an. Wir stellen unsere Räder unter einem kleinen Hohlraum unter der Treppe ab, der reicht gerade so aus. Falls es regnen sollte, werden die Räder wenigstens nicht nass. Sie werden abgeschlossen und wir gehen zur Anmeldung.

Es ist bereits geöffnet, wir zeigen unsere Karte mit der Zusage, unseren Ausweis, dann bekommen wir Bettlaken und Wollteppiche und einen Schlüssel für unser Zimmer. Wir hängen unsere Reisetaschen um und traben dann wie Kulis die Treppe hoch.

Das Zimmer liegt im oberen Stockwerk und das Fenster geht nach vorne hinaus, so dass wir den Rhein und Bingen mit dem Mäuseturm sehen können, wenn wir aus dem Fenster schauen.

Wir räumen das Gepäck in den Schrank und machen uns ein bisschen frisch, bevor wir zum Essen hinuntergehen. Bei der Anmeldung musste man gleich sagen, ob man Frühstück und Mittag- bzw. Abendessen haben will. Wir entscheiden uns für Abendessen und natürlich Frühstück, so haben wir den ganzen Tag Zeit für Unternehmungen, zum Bummeln oder Ähnlichem. Was uns gerade so gefällt. Nach dem Abendessen setzen wir uns vor der JH auf die große geschwungene Freitreppe. Das Haus wirkt mit dieser Treppe und dem großen Portal wie ein Schloss. Es ist ein großes Gebäude und liegt landschaftlich sehr schön am Waldrand, ideal für kleine Abendspaziergänge. Eine hohe Mauer begrenzt das Anwesen. Sie dient zugleich als Sitzplatz für die JH-Gäste.

Wir beschließen, noch einen Stadtbummel zu machen, und wandern vergnügt den Weg in die Stadt hinunter. Die Aussicht auf ein kleines Eis hält alle bei Laune.

Der Weg führt uns hinunter an die Hafenpromenade. Wir schauen zu, wie Schiffe anlegen und abfahren, bewundern die Möwen, die fast jeden Bissen erwischen, den man ihnen zuwirft.

Und sind einfach überwältigt von allem, von diesem Fluss, der Landschaft mit ihren Rebhängen, mittendrin die Burgruine Ehrenfels, eine ehemalige Zollfeste, wie wir wissen. Der Mäuseturm mitten im Rhein, beide Bauwerke angelegt von den Mainzer Erzbischöfen, zur Beherrschung des Stroms. Vom Mäuseturm gibt es eine gar gruselige Geschichte, die ich mal abends vorlesen werde.

Wir gehen in die Stadt, schauen uns ein bisschen um und entdecken an einem Verkaufsstand ein kleines Büchlein mit dem Titel *Die Sagen des Rheins*.[*] Natürlich kaufe ich es gleich, darin ist auch die Geschichte vom Mäuseturm.

Langsam wandern wir zurück zur JH, wir wollen ja nicht gleich am ersten Abend ausgesperrt werden. Um 22.00 Uhr ist Nachtruhe, man muss ja auch an die vielen Wanderer

* Wilhelm Ruland: *Die schönsten Sagen des Rheins*, Stollfuss Verlag
  (vergriffen, über den Internetbuchhandel noch gebraucht erhältlich)

und Radfahrer denken, die frühmorgens wieder abfahren und vielleicht einen anstrengenden Tag vor sich haben.

Es herrscht rege Betriebsamkeit vor der JH, als wir zurückkommen. Eine große Gruppe von Leuten sitzt auf der großen Freitreppe, unten stehen auch welche und unterhalten sich. Ich glaube, das ist eine französische Jugendgruppe. Jemand spielt Gitarre. Wir setzen uns ein bisschen dazu, die Musik ist schön.

So langsam beruhigen sich meine Nerven. Und dann macht sich auch die Müdigkeit bemerkbar und wir gehen hinauf in unser Zimmer. Nach dem Waschen, Zähneputzen und Bettenbauen sind wir müde, aber zufrieden. Wir reden noch ein wenig und nach kurzer Zeit höre ich ruhige, gleichmäßige Atemzüge.

Ich stehe leise auf und schaue mir die schlafenden Kinder an, die friedlichen Gesichtchen, die Ärmchen, die ganz fest den Fufu halten, den Kater oder den Zipfel der Bettdecke. Nach einem kurzen Gebet, dass Gott uns beschützen möge auf dieser Reise und dass wir danach wieder Kraft finden für den Alltag zu Hause, schlafe ich dann endlich auch ein. Morgens um 5.00 Uhr wache ich auf, öffne weit das Fenster, um frische Luft hereinzulassen, und decke die Kinder noch ein bisschen zu, damit sie sich nicht erkälten. Nebelschwaden ziehen über den Rhein und seine Rebhänge. Ich glaube, es wird ein schöner Tag.

Wir haben uns vorgenommen, vergnügt und munter zu sein und uns an allem zu freuen, was wir sehen. Ich hole mir das Büchlein mit den Rheinsagen und die Zeit vergeht schnell beim Lesen, so dass ich ganz erstaunt bin, als die Kinder aufwachen und fragen, wann es Frühstück gibt.

Um Viertel vor acht sind wir unten, bekommen Kaffee, Tee, Brötchen, Butter und Marmelade. Wir suchen uns einen Platz am Fenster, so dass wir gleich beim Frühstück den Rhein sehen können. Etwas ist immer los auf diesem Strom und man wird nicht müde zuzuschauen, wie sich das Geschehen auf diesem großen Fluss ständig verändert. Auch im Speisesaal ist rege Betriebsamkeit. Ein Kommen und Gehen, manche haben schon den gepackten Rucksack oder die Fahrrad-Taschen dabei, für sie geht die Fahrt schon weiter. Wir jedoch haben Zeit und nehmen in Ruhe unser Frühstück ein. Eine gute Grundlage am Morgen ist wichtig.

Der Große hat Kopfweh, er reagiert auf das andere Klima. Es macht ihm fast den ganzen Tag zu schaffen. Mittags kommt dann noch Bauchweh dazu. Ich bin froh, dass wir genügend Zeit haben, uns zu akklimatisieren.

Nach dem Frühstück gibt man das Geschirr ab, es kommt in eine große Spülmaschine und jeder trocknet dann seine Tassen, Teller und das Besteck selbst ab.

Dann geht's rauf zum Bettenmachen und anschließend besprechen wir, was wir heute machen wollen. Ich schlage vor, weil es dem Großen nicht so gut geht, dass wir den Vormittag mit einem Stadtbummel verbringen, uns Bingen ein bisschen ansehen und dann zum Mittagessen in die JH gehen. Nach einem Mittagsschlaf, ein wenig Ruhe wird uns gut tun, könnten wir die Burg Klopp besichtigen. Der Vorschlag wird angenommen, und wir machen uns auf den Weg zur Stadt hinunter. Wir müssen sowieso das Kettenschloss besorgen, damit das Fahrrad in Ordnung gebracht werden kann. Wir erledigen das, essen Eis und schauen uns die Stadt an.

Es ist ein hübsches Städtchen mit einer sehr schönen alten Basilika. Kühl ist es in der Kirche. Wir gehen ganz leise nach vorn und ich sehe, wie mich der Kleine ganz entsetzt ansieht.

»Was ist?«, frage ich und er antwortet: »Die Menschen sind böse, sonst hätten sie Jesus nicht dieses schwere Kreuz tragen lassen.« Ich sehe, was er meint, es ist eine Holzfigur, die Jesus mit dem Kreuz auf dem Weg nach Golgatha zeigt. Ein riesiges Kreuz, viel zu groß, fast den Menschen darunter erdrückend. Vielleicht hat der Kleine das gespürt. Es ist eine sehr schöne Holzschnitzarbeit.

Wie viele Kirchen aus dieser Zeit ist die Basilika katholisch. Die reiche Ausstattung der Dome und Kirchen zeigt, dass viele Aufträge für Künstler von der Kirche kamen, die eben das dafür nötige Geld besaß. Sonst hätten wir vielleicht keinen Leonardo da Vinci, keinen Michelangelo oder Lucas Cranach d. Ä. Wunderschöne Bilder haben sie gemalt, ihre Kunst überdauerte Jahrhunderte. Aber ein leerer Magen kann auch den Geist lähmen. So war es wichtig, gute Auftraggeber wie die Kirchen, Burgherren oder die Landesfürsten zu haben.

Ein bisschen davon, soweit sie es schon verstehen können, erkläre ich den Kindern.

Als wir an den Lichterkerzen vorbeigehen, holt Markus seinen Geldbeutel heraus.

»Mama, was kostet eine Kerze?«

»50 Pfennig, willst du eine anzünden?«

»Ja!«

Und ich weiß, warum.

Ich sehe, wie er die Hände faltet und ein kurzes Gebet spricht.

»Du hast gebetet?«

»Ja, dass wir gut ankommen.«

»Das wünsche ich mir auch«, sage ich zu ihm.

Dem Großen geht es immer noch nicht gut, er hat wieder Bauchweh. Nach dem Mittagessen in der JH legen wir uns ein bisschen hin. Über den Mittag ist es ruhig hier, die Schulklasse, die sonst recht laut ist, macht wahrscheinlich einen Ausflug. Wir schlafen auch gleich ein und werden erst um etwa 15.00 Uhr wieder wach.

Ist das herrlich, nichts tun zu müssen! Das tut richtig gut. Kurze Zeit später wandern wir hinauf zur Burg Klopp, in der das Heimatmuseum von Bingen untergebracht ist. In der Burg sind auch Verwaltungsräume, so dass man sie innen nicht besichtigen kann. Wir steigen hinauf auf den Turm, von dem man weit ins Land sieht. Rückwärts gesehen, steht rechts vom Rhein, oben auf dem Berg, die Rochuskapelle, linksrheinisch grüßt die monumentale Dame »Germania« herüber. Wir schauen hinüber nach Rüdesheim und sehen die Kabinen der Seilbahn den Berg hinaufgleiten zum Niederwald-Denkmal.

Die Führung durch das Heimatmuseum ist zwar interessant für Erwachsene, aber nicht so sehr für Kinder. Erst als es in den Keller geht, erwacht ihr Interesse. Dort unten sollen auch Gebeine liegen.

Ein Ehepaar steht vor uns an der Stiege und überlegt anscheinend noch, ob es runtergehen soll oder nicht. Der

Burg Klopp über Bingen

Mann zögert, da sagt doch der Kleine zu ihm: »Hast du Angst? Brauchst du nicht haben, ich geh auch runter.«

Zuerst schaut der Mann ganz verblüfft, dann lachen wir alle so laut, dass es in dem alten Gemäuer ganz schaurig widerhallt. So steigen wir dann alle die alte Holztreppe hinunter und besichtigen unten, was sich da so angesammelt hat. Wir sind aber froh, nachher wieder ans helle Sonnenlicht zu kommen. Nach einem Rundgang um die Burg machen wir uns wieder auf die Socken, zurück zur JH.

Unterwegs kaufen wir Wecken und etwas Wurst, auch Getränke.

Unser Fahrrad ist auch fertig. Wir bedanken uns ganz herzlich bei dem Inhaber der Werkstatt und schieben es zur JH hinauf. Jetzt sind wir wieder komplett.

Am nächsten Tag wollen wir mit den Rädern nach Rüdesheim. Wir überlegen, ob es nötig ist, sie mitzunehmen. Es fährt sich ja gut den Berg hinunter, aber hinauf muss man immer schieben.

Andererseits laufen wir nicht so gerne. So hat alles seine zwei Seiten. Wir denken noch darüber nach.

Oben an der JH angelangt, setzen wir uns an ein Tischchen, essen unsere Brötchen und sind mit dem Tag recht zufrieden.

Ein Ehepaar fragt uns, woher wir kommen. Wir erzählen

ein bisschen und bald beginnt eine nette Unterhaltung, in deren Verlauf unser Kleiner gefragt wird, ob er bei mir auf dem Fahrrad mitfährt. Meine Güte, so ein empörtes Gesichtchen habe ich selten gesehen, als er sagt: »Ich fahre selber!« Das *selber* wird noch extra betont und dann auch gleich gezeigt, welches Fahrrad er hat. Schön gelb, damit ihn auch die Autos gut sehen können.

Und als er dann gelobt wird, ist die Welt wieder in Ordnung für ihn.

Anschließend spielen wir Federball, fünfmal den Ball nicht bekommen bedeutet, der Nächste ist dran. So haben wir noch ein bisschen Bewegung nach dem Abendessen.

Auf dem Platz vor der JH geht es jetzt lebhaft zu. Eine Gruppe Jugendliche, so zwischen sechzehn und zwanzig Jahren, hat sich dort versammelt. Sie reden und lachen viel und sind alle recht vergnügt. Dann holt einer die Gitarre. Ein bisschen wird noch diskutiert, was sie singen wollen, und jeder sucht sich ein Plätzchen. Die ganze Freitreppe, die Mauer oben, alle Tische und Stühle sind besetzt. Die ersten Akkorde klingen auf, zuerst summt einer mit und dann fällt die ganze Gruppe ein. Wunderschön ist das.

Ein bisschen kühl ist es geworden und das Tageslicht wird schwächer. Manche rücken ein wenig zusammen, suchen die Wärme und Nähe des anderen.

Diese Halbdämmerung ist schön, sie entspannt Körper und Seele. Die Musik tut das Übrige dazu, dass wir uns wohl fühlen. Manche Lieder singen wir leise mit, einige kennen wir nicht, da hören wir einfach zu. Immer wieder macht jemand einen Vorschlag, nennt ein Lied, das ihm gefällt, und die Gruppe nimmt es auf. Es ist eine zauberhafte Stimmung.

Lichter werden geholt. Inzwischen ist es fast dunkel geworden. Wir sitzen und schauen hinunter auf den Rhein. Schräg gegenüber, auf der anderen Rheinseite, sind die Lichter von Rüdesheim zu sehen. Ein paar Gedanken gehen nach Hause, wie's wohl dort zugeht. Da fragt Volker, wie es dem Papa wohl geht. Ach, wäre er doch mitgefahren! Es ist so schön hier.

Es ist fast 22.00 Uhr, wir gehen hinauf in unser Zimmer. Nach der abendlichen Wäsche sind wir wieder munter, keine Spur von Müdigkeit. Wir schauen aus dem Fenster nach unten, hören noch ein bisschen zu. Dann löst sich die Gruppe langsam auf, Nachtruhe in der Jugendherberge. Jetzt ist es draußen dunkel. Wir machen kein Licht, schauen aber noch ein bisschen aus dem Fenster, beobachten den regen Betrieb auf dem Binger Bahnhof. Markus fängt an, die Wagen an den Zügen zu zählen, wenn sie unten am Bahnhof halten. Wir überlegen, wo die Züge wohl hinfahren, träumen von anderen Fahrten, die wir vielleicht mal machen könnten.

Das Wasser des Rheins schimmert im Schein der Lampen an der Uferpromenade. Alles sieht so geheimnisvoll aus. Oder bilden wir uns das nur ein? Der Mäuseturm und die Ruine Ehrenfels werden nachts angestrahlt und die alten Gemäuer schimmern grünlich im Licht der Scheinwerfer.

Ich denke an die alten Zeiten, als diese zwei Bastionen noch ihren eigentlichen Zweck erfüllten und Zollfesten der Mainzer Erzbischöfe waren, die Geldsäckel füllen halfen für die Kirchenfürsten. Mancher Schiffer konnte nicht mehr zahlen, wenn ihm stromaufwärts bald an jeder Biegung des Stromes das Geld abgeknöpft wurde.

Wie wir später erfuhren, wurden die, die nicht mehr zahlen konnten, in den Verliesen der Burgen so lange eingesperrt, bis sie ausgelöst wurden. Mancher hat es nicht überlebt.

Die Sage von dem geizigen Bischof Hatto fällt mir ein und ich frage, ob ich sie vorlesen soll. Ja, meinen alle, bitte lies sie vor.

Ich beginne, die Zeit um uns herum versinkt und wir fühlen uns zurückversetzt in die Zeit, als zu Mainz dieser Bischof Hatto lebte. Die Bauern, meist Tagelöhner, schufteten den ganzen Tag, aber sie hatten trotzdem nie genug zu essen. Die Abgaben waren zu hoch.

38

Ruine Ehrenfels bei Rüdesheim

Der Mäuseturm im Rhein bei Bingen

Als durch eine Dürre nun einmal die Erträge noch geringer ausfielen, blieb den Armen und Bauern fast nichts zu essen übrig. Jagen durften sie in den Wäldern auch nicht, Wilderer wurden streng bestraft. Das Wild gehörte den Burgherren.

Eine Bittprozession erschien beim Bischof, man möge ihnen doch etwas Getreide aus dem Kornspeicher geben, sie hätten nichts zu beißen und würden sonst verhungern. Aber der Bischof blieb hart, die Vorratskammern würden nicht geöffnet. Als die Not immer größer wurde und die Menge immer zahlreicher, die um Korn bat, tat der Bischof, als würde er nachgeben. Er befahl seinen Leuten, das wartende Volk zu einem leeren Speicher zu führen, so zu tun, als würden sie dort Korn bekommen, und dann den ganzen Speicher anzuzünden. Und höhnisch soll er gerufen haben: »Und dort soll euch das Mäuslein beißen!« Die Dienerschaft tat, was ihr aufgetragen war, und als der Speicher brannte, rannten aus dem Gebäude Tausende von Mäusen heraus. Die Diener nahmen Reißaus und berichteten dem Bischof, was sich zugetragen hatte. Die Mäuse jedoch kamen bis zum Bischofspalast und der geizige Hatto bekam es mit der Angst zu tun. Er ließ alle Fenster, Türen und Eingänge verriegeln, aber die Mäuse fanden den Weg in den Palast. Der Bischof flüchtete, er muss wohl an seinen

Spruch gedacht haben, jetzt würden ihn die Mäuslein beißen. Auf seiner Flucht kam er bis zum Zollturm im Rhein,
wohl hoffend, dass die Mäuse im Rhein ertrinken würden.
Doch sie bildeten eine Brücke und drangen auch in den
Mäuseturm ein. Sogar sein Bett ließ sich Hatto an die Decke hängen, doch auch das rettete ihn nicht mehr, wie man
sich dann im Land erzählte. So bereitete ihm sein Geiz den
Garaus und so mancher kann aus dieser Geschichte lernen.
Die Sage ist zu Ende erzählt – und ehe ich mich recht
versehe, sind sie auch schon eingeschlafen. Tiefe, ruhige
Atemzüge sind zu hören. Nur Markus schläft etwas unru-
hig, vielleicht träumt er von einem Mäuslein, das ihm den
Zeh anknabbert.

Ich trete noch einmal ans Fenster, um nach dem Himmel
zu sehen. Hoffentlich haben wir morgen schönes Wetter
bei unserem ersten großen Ausflug. Kaum im Bett, bin ich
auch schon eingeschlafen.

Morgens holt uns der Wecker, den wir vorsorglich mitgenommen haben, etwas unsanft aus dem Schlaf. Vielleicht
hätten wir sonst sogar das Frühstück verschlafen. Es ist
gemütlich, im Frühstücksraum zu sitzen, ein bisschen das
Kommen und Gehen zu beobachten und das Gefühl zu
genießen, selbst so unendlich viel Zeit zu haben.

Gegen 9.00 Uhr holen wir die Fahrräder, jeder hat seine

persönlichen Sachen in einer kleinen Umhängetasche dabei – und los geht es. Die Abfahrt nach Bingen hinunter ist herrlich, der kühle Morgenwind fährt uns in die Kleider und wir freuen uns auf den Tag. An der Anlegestelle der Fähre von Bingen nach Rüdesheim warten wir auf die Überfahrt. Es ist herrliches Wetter, klar und trocken. Fast etwas zu klar, die Reben, der Fluss, der Himmel über uns, alles schimmert in einem ganz intensiven Licht.

Die Fähre bringt uns nach Rüdesheim. Wir steigen aus und merken gleich, dass jetzt die Fahrräder eigentlich schon hinderlich sind. Na ja, kleine Stücke kann man schon fahren, z. B. zur *Brömserburg*, die unser erstes Ziel ist. Sie beherbergt das Weinmuseum des Rheingaus. Wir lösen unsere Eintrittskarten und sehen uns dann im Garten der Burg etwas um. Riesige, alte Weinpressen stehen da. Innen im Museum bewundern wir wunderschöne alte Gläser, auch aus römischer Zeit sind viele Sachen zu sehen, und die Führung ist sehr interessant. Der deutsche Kaiser, Karl der Große, soll die Weinreben nach Deutschland gebracht haben und am Johannisberg sollen sie als Erste angepflanzt worden sein.

Dann geht es die ziemlich engen und steilen Treppen hinauf zum Turm. In einer Wandnische steht eine Figur, von Scheinwerfern angestrahlt, eine Kopie der Rüdesheimer Madonna. Der dunkle Aufgang und dann diese wunderschöne Statue! In solchen Augenblicken verstehe ich Kunstliebhaber und Sammler, die sich solche Stücke zu fast jedem Preis beschaffen.

Es geht weiter den Turm hinauf. Wir stehen vor dem Burgverlies. Es ist sehr tief. Man mag sich gar nicht vorstellen, dass hier Menschen gefangen gehalten wurden.

Wir machen einen Rundgang oben auf dem Turm und setzen uns auf eine Bank, um etwas auszuruhen. Der Aufstieg war anstrengend. Das Rheinpanorama ist herrlich von hier oben. Und es ist sehr ruhig, das tut gut. Rüdesheim ist eine sehr lebhafte Stadt, voller Touristen, die die berühmte *Drosselgasse* sehen wollen. Rechtsrheinisch erstrecken sich Weinberge, so weit das Auge reicht. Oberhalb von Rüdesheim liegt inmitten der Weinberge die Jugendherberge, etwas weiter unten ein großes Weingut. Die Straße zur JH hinauf ist so steil, dass man bestimmt schieben muss, und wenn man dann oben ist, darf man nicht mal runterfahren. Oben steht ein großes Verbotsschild. Bin ich froh, dass wir in Bingen sind! Der Weg hinauf zur JH ginge ohne Gepäck vielleicht noch, aber mit Gepäck ist es eine sportliche Leistung, einen solchen Berg hinaufzukommen. Also schiebt man rauf und runter.

Wir steigen wieder die Treppen hinunter. Nach der Kühle

im Innern der Burg empfängt uns die Hitze draußen wie in einem Backofen. Eis essen, bitten die Kinder. Ich denke, an der Hafen-Promenade finden wir bestimmt einen Eissalon. Und richtig, sogar eine italienische Eisdiele gibt es, die voll besetzt ist. Das verspricht gutes Eis und dass es für mich teuer wird, wenn ich die Kinder einlade. Aber das haben sie sich verdient. Es ist supergut und ich muss noch eine Kugel Eis als Zugabe liefern.

Wir möchten noch ins *Mechanische Musikkabinett*. Also machen wir uns auf den Weg. Alte Orgeln, ein Walzen-Klavier, das selber spielt, Spieldosen in vielen Ausführungen: Es gibt viel Interessantes zu sehen und zu hören. Eine wunderschöne, alte Kirmes-Orgel haben sie auch. Und ich stelle fest, dass man, ob man es nun will oder nicht, überall etwas dazulernt, und insgeheim bin ich gespannt, was bei den Kindern davon hängenbleibt.

So langsam bekommen wir Hunger und da wir in der JH in Bingen abends zum Essen vorgemerkt sind, beschließen wir, eine Kleinigkeit für einen Mittags-Imbiss zu kaufen. Jeder darf auswählen, was er möchte, ob das nun ein warmer Leberkäse, eine Bock- oder Brat- oder Currywurst ist, ist ihre Sache. Abends in der JH geht das anders. Da wird gegessen, was es gibt. Beim Bäcker gibt's dann noch etwas Süßes zum Nachtisch, ich kaufe noch ein Kilo Äpfel und auch die sind schnell verputzt. Jetzt reicht es aber auch. Allen macht es Spaß und die Laune ist bestens.

Nun erhebt sich die Frage, fahren wir mit der Seilbahn hinauf zum Niederwalddenkmal oder laufen wir durch die Weinberge hinauf, dann könnten wir mit der Seilbahn wieder herunterfahren. Und was machen wir mit den Fahrrädern? Mit den Rädern rauffahren können wir nicht, Runterfahren mit den Rädern geht auch nicht, das haben wir oben auf der Brömserburg bereits gesehen. Eine heftige Diskussion. Die Kinder sind schon ein bisschen müde und so entschließe ich mich, Fahrkarten für die Seilbahn zu holen. Und ich stelle jetzt schon fest, dass dies ein teurer Tag wird. Die Räder werden abgeschlossen und zusammengekettet, wir dürfen sie neben dem Tickethäuschen stehen lassen.

Die Fahrt zum Niederwalddenkmal hinauf ist herrlich. Unter uns gleiten die Weinberge vorbei und meine Lausbuben haben nichts Besseres zu tun, als jedem Fahrgast in der Gegengondel einen guten Tag zu wünschen. Viele grüßen zurück, freuen sich vielleicht auch über so einen schönen Tag, wie wir auch. Andere gucken ganz streng, nach dem Motto, warum grüßen uns die?

Wir sind bald oben. Es sind noch ein paar Schritte bis zur *Germania*. Ein Losverkäufer bietet Lose an. Natürlich kaufe ich zwei. Es wäre ja zu schön – aber leider nein, Nieten gezogen. Macht nichts, es war ein Versuch. Doch insgeheim wundere ich mich über mich selber – zwei Mark unnütz ausgegeben!

Wir kommen an der Adlerfarm vorbei. Das ist eine Aufzucht-Station für kranke oder verletzte Tiere, ein kleiner Greifvogel-Zoo. Kurz entschlossen kaufen wir Eintrittskarten. Milan, Habicht, Falke, Mäusebussard, ein Gaukler mit seinem bunten Federkleid und ein Schreiseeadler mit seinen weißen Federn sind hier. Auch ein Kaiseradler und ein Steinadler. Imponierende Vögel mit einer großen Flügelspannweite.

Nur eins gefällt uns nicht: Alle sind mit kleinen Lederriemchen angebunden. Aber es geht wohl nicht anders. Wir hören dann, dass viele, wenn sie wieder gesund sind, in die Freiheit entlassen werden. Oder in Gebieten angesiedelt werden, wo ihre Artgenossen schon fast ausgestorben sind. Ein kleiner Bussard hat es uns besonders angetan. Oliver stellt sich vor ihn hin, wedelt mit seinen Armen, als würde er fliegen wollen, und sagt zu dem Bussard: »Flieg, flieg!« Und was macht dieser kleine Bussard? Er hebt seine Flügel, wedelt ein bisschen, als wollte er sagen: Kann leider nicht. Auch ein zweiter Versuch zeigt die gleiche Reaktion.

Er tut uns richtig leid. Aber vielleicht darf er bald wieder fliegen, wenn er groß und kräftig genug ist.

Wir gehen nun durch ein kleines Waldstück den Weg hinunter zum Niederwalddenkmal. Da steht sie, die Germania, eine gewichtige Dame mit beachtlichen Maßen. Zu ihrer Rechten und Linken je ein Engel, einer mit einem Palmzweig, einer mit einer Trompete.

Krieg oder Frieden, darum ging es immer in diesem Gebiet, in dem langen Zwist mit dem Nachbarn Frankreich, wo der Rhein als Schicksalsfluss eine natürliche Grenzbarriere bildete. Auch der 30-jährige Krieg hat seine Spuren hier hinterlassen. Viele der Burgen wurden im Lauf der Geschichte hart umkämpft, mal von Schweden oder Franzosen belagert, besetzt oder zerstört, von kaiserlichen Truppen oder Spaniern eingenommen, teils gesprengt oder einfach nur ausgeraubt. Ludwig der XIV. gab den Burgen am Rhein sozusagen den Rest. Seine Truppen kamen im Reunionskrieg bis zum Rhein und bezwangen eine Burg nach der anderen: im Jahr 1688 die Burg Klopp, Reichenstein und Lahneck, alle hier am Mittelrhein, 1689 Ehrenfels, Sooneck, die Heimburg, Fürstenberg, Stahleck, die Schönburg, Burg Maus und Stolzenfels. Einzig die Burgfestung Rheinfels über St. Goar hielt den Franzosen stand.

Dies alles geht mir durch den Kopf, als ich so auf den Rhein hinunterschaue, der eine Schlüsselrolle in der deutschen

Geschichte gespielt hat.

Die Aussicht von hier oben ist herrlich. Man sollte am Rhein nicht nur unten am Fluss stehen, man muss hinaufsteigen auf die Höhen über den Weinbergen, um einen Eindruck von dieser großartigen Landschaft zu bekommen. Dieser Strom ist faszinierend, bei jeder Biegung bietet er ein anderes Bild. Keine Festung oder Burg gleicht der anderen.

Unter uns liegt Rüdesheim, eine geschäftige Stadt mit der berühmten Drosselgasse, ein Anziehungspunkt für viele Touristen.

Mir selbst gefallen die stillen Winkel, die alten Bürgerhäuser, die Burg oder eine Bank am Rheinufer besser. Die schönen schmiedeeisernen Wirtshaus-Schilder, eines mit einem riesigen Humpen, vielleicht hieß die Wirtschaft »Zum Krug«, werden auch von uns bewundert. Das ist Handwerkskunst.

Fest steht und treu die Wacht am Rhein, so heißt es auf der großen Tafel am Niederwalddenkmal. Und erstellt wurde die *Germania* anlässlich des Sieges der deutschen Staaten über die Franzosen nach dem deutsch-französischen Krieg um 1870 – 1871.

1871 wird das Deutsche Reich gegründet, König Wilhelm der I. wird Deutscher Kaiser. Bismarck wird Reichskanzler. Ob man solche »Denkmäler« braucht, da kann man verschiedener Meinung sein. *Hermann der Cherusker* im Teutoburger Wald erinnert ja auch an die Schlacht der Germanen gegen die Römer. Und den Satz: »Varus, gib mir meine Legionen wieder« kennt wohl jeder Schüler.

Die *Bavaria* ist auch so eine Riesendame, alle erfüllen anscheinend den gleichen Zweck.

Und so erkläre ich den Kindern, nachdem sich alle wieder bei mir eingefunden haben, warum dieses Denkmal gebaut wurde. Sie hören zu, doch so riesig, scheint mir, ist ihr Interesse nicht.

An der Seilbahn oben ist eine Gaststätte. Da gibt's noch ein Eis für jeden. Da die Buben schon etwas müde sind, fahren wir mit der Seilbahn wieder hinunter. Wieder dasselbe Spielchen: »Guten Tag, guten Tag.« Ich lache, bis mir der Bauch wehtut. Die erwartungsvollen Gesichter, wie die Leute wohl reagieren, sind einfach zu komisch.

Ich glaube, dem Großen geht es jetzt ein bisschen besser. Dafür bin ich jetzt schlapp. Das war ein Tag mit vielen Eindrücken und irgendwie müssen wir das alle noch verarbeiten. Aber die Buben sind vergnügt, das ist das Wichtigste. Bald sind wir unten. Die Fahrräder sind noch da und in Ordnung. Das ist gut.

Es ist später Nachmittag und die Fähre bringt uns wieder hinüber nach Bingen. Jetzt geht es zurück zur JH. Das erste Stück fahren wir. Über uns ein Geräusch in der Luft. Es wird richtig laut. Eine »Phantom« fliegt direkt in die Rheinkurve hinein.

Ein ohrenbetäubender Krach, und schon ist es passiert. Die Kinder sind abgelenkt und Oliver kracht mit dem Fahrrad an den Randstreifen und kippt um. Es ist nicht viel passiert, aber einen Fleck behält er sicherlich.

Ich blicke hinüber zur Basilika. »Danke, Schutzengel«, sage ich leise.

Wir sind oben an der JH, stellen die Räder ab, dann geht's zum Händewaschen. Es gibt gleich Abendessen. Es ist reichlich und gut. Meine Skepsis bezüglich des Essens war unnötig, es schmeckt jedem. Bestimmt haben die Kinder auch richtig Hunger. Es war ein langer Tag.

Ja, was tun, sprach ich (nicht Zeuss): noch mal in die Stadt oder hier einen Abendspaziergang machen? Wir entscheiden uns für das Letztere. Alle sind ein bisschen müde. Zum Zubettgehen ist es noch zu früh und zum Schlafen zu laut und unruhig im Haus.

Also gehen wir los, durch's Wäldchen, hinauf bis zur Höhe, von wo man wieder einen schönen Rundblick über den Rhein hat. Wir kommen an den Resten eines alten Wachturms vorbei, und natürlich muss er gleich erforscht werden. Vielleicht hat ein römischer Soldat hier gestanden und wie wir ins Rheintal hinuntergeblickt.

Die Vergangenheit begleitet uns hier auf Schritt und Tritt. Es wird nie langweilig, egal, was wir auch machen.

Eine Bank lädt zum Verweilen ein. Wir schauen den Schleppkähnen und Schubschiffen zu, die den Rhein hinauf fahren, vielleicht bis Basel, und den großen Schiffen, deren Fahrt rheinabwärts vielleicht erst in Rotterdam endet.

Es ist schön, hier zu sitzen und ein bisschen zu träumen, wohin die Reise dieser Schiffe wohl geht.

Bald wird die Sonne untergehen. Das Wasser des Stroms glänzt, als hätte jemand Silber darübergestreut. Auch die Hausdächer von Bingen glänzen im Licht der Abendsonne. Der Schiefer, der hier meist für die Dächer verwendet wird, hat einen schönen Grauschimmer: dunkel, wenn es regnet, und ein ganz helles Grau, wenn die Sonne scheint.

Wir sehen hinüber nach Rüdesheim, wo jetzt die Lichter angehen, und denken an den vergangenen Tag. Viel haben wir heute erlebt. Wenn ich die Gesichter neben mir ansehe, denke ich, alles ist gut.

Oliver blinzelt schon ein bisschen und bevor ihm die Augen zufallen, machen wir uns auf den Weg zurück zur JH. Gründlich gewaschen und recht müde inzwischen, gehen wir zu Bett. Kurze Zeit später schlafen wir tief und fest.

Den nächsten Tag verbringen wir mit einem Stadtbummel, spielen eine Runde Minigolf. Der Platz liegt direkt an der Nahe, die hier, von Idar-Oberstein herüberkommend, in den Rhein fließt. Einen Spielplatz haben wir auch entdeckt und so wird es heute ein ruhiger Tag werden.

Wir machen wieder einen Mittagsschlaf. Ich wasche kurz die ersten Söckchen aus, damit die Reisetasche nicht zu miefen anfängt. Die Kinder sind unten an der JH und spielen Federball.

Nach dem Abendessen machen wir einen Spaziergang an den Rhein bis zur großen Brücke. Ockergelb leuchtend steht der Mäuseturm mitten im Rhein. Eigentlich hätten wir ihn gern mal von innen angeschaut, aber es ist schon recht spät geworden. Ein Häschen hoppelt über den Weg, verschwindet im Gebüsch.

Wir gehen noch ein bisschen am Rhein entlang, gucken, wie die Straße ist, wo wir morgen fahren werden. Ich bin beruhigt, es gibt einen schönen, breiten Radweg, so dass die Strecke morgen kein Problem werden dürfte. Hauptsache, wir müssen nicht auf der Straße fahren, davor war mir bange.

Die Taschen müssen noch gepackt werden, wir dürfen nichts vergessen.

So machen wir uns wieder auf den Weg zur JH.

Wir gehen früh zu Bett. Morgen müssen wir ausgeruht sein, wenn wir die erste Strecke fahren, unsere erste Bewährungsprobe vor uns haben.

Wir singen ein bisschen, bis ein Klopfen an der Nachbarwand uns zeigt, dass da jemand schlafen will. Vielleicht auch jemand, der morgen weiterfährt. Oder hat ihm unser Lied vom »jungen Wandersmann« nicht gefallen, obwohl wir es zweistimmig gesungen haben? Ich fand, es klang recht nett.

Wir sind ganz ruhig und reden auch nur noch leise miteinander, damit wir niemand stören.

So richtig gut habe ich dann aber doch nicht geschlafen, irgendwie ging mir zu viel im Kopf herum. Die erste Strecke, hoffentlich klappt alles.

Heute Nacht muss ich wohl von Burgen, Rittern und Kanonen geträumt haben. Eine Zugbrücke ging herunter und eine Schar Ritter zu Pferd donnerte den Burgberg herunter, direkt auf mich zu. Ein Albtraum, kein Wunder bei den vielen Geschichten hier. Oder ich bin doch nur ein Hasenfuß, weil wir heute weiterfahren?

Aber jetzt ist es Tag. Was soll's! Wer nicht wagt, der nicht gewinnt. Gutes Motto.

Ganz leise, um die Burschen noch ein bisschen schlafen

zu lassen, mache ich meine Morgentoilette, packe meine restlichen Sachen ein und schaue nach, ob wir auch nichts vergessen haben. Waschlappen und Zahnputzzeug stehen noch da, Handtuch ist schon eingepackt, alles andere auch. Die Rechnung müssen wir heute noch bezahlen, frühstücken und dann geht's los.

Aus einem der oberen Betten kommt eine verschlafene Stimme: »Mama, gell, heute fahren wir das erste Mal richtig.«

»Ja«, antworte ich, »und ich hoffe, dass ihr alles richtig macht, so wie wir es besprochen haben.«

Nun werden auch die anderen zwei munter, eine gespannte Erwartung ist zu spüren.

Nachdem alle angezogen sind, der Rest eingepackt ist, müssen wir noch die Bettlaken abziehen und die Wollteppiche zusammenlegen.

Wir gehen runter zum Frühstück. Es ist etwa 7.45 Uhr und wie immer reger Betrieb. Heute gehören wir auch zu denen, die abreisen. Das Reisefieber packt mich. Fast bleibt mir das zweite Brötchen im Hals stecken, so aufgeregt bin ich. Aber zu den Kindern sage ich natürlich: »Keine Aufregung, das klappt heute. Frühstückt gut, damit ihr Kraft für die heutige Fahrt habt.«

Ein bisschen besorgt schaue ich nach draußen. Es ist so

komisch diesig heute. Der Himmel ist nicht ganz klar und das Licht irgendwie seltsam.

Nachdem wir gespült und abgetrocknet haben, gehen wir nach oben, um das Bettzeug zu holen.

Jemand fragt uns, ob wir abfahren. Ich sage ja. »Dann müsst ihr aber noch das Zimmer auskehren«, werde ich belehrt. Himmel, daran hätte ich nicht gedacht. Wir holen den Besen, fegen aus, leeren den Papierkorb, machen das Waschbecken sauber, öffnen die Fenster, hoffentlich ist das richtig. Ein letzter Blick noch, dann steigen wir die Treppen hinunter zur Anmeldung. Doch heute melden wir uns ab.

Da stehen die drei und schauen recht erwartungsvoll drein. Die Strohhüte auf dem Kopf, die Taschen vor sich gestellt, harren sie der Dinge, die da heute auf sie zukommen werden.

Wir bekommen unseren ersten Eintrag im JH-Büchlein, dann bezahle ich die Rechnung und stelle fest, dass ich in Bacherach wohl als Erstes Geld holen muss. Doch für die Hinfahrt reicht es noch. Der Schlüssel wird abgegeben. Wir verabschieden uns, bedanken uns für die Wünsche für eine gute Reise. Draußen werden die Fahrräder kurz geprüft. Alles o. k. Dann laden wir auf. Ach, es ist eine ganze Menge, was da drauf muss. Besonders meine Reisetasche ist schwer. Es macht Mühe, das Fahrrad zu halten. Hier draußen wünschen uns auch noch ein paar Leute eine gute Reise.

Versehen mit so viel guten Wünschen steigen wir auf die Räder, winken noch kurz und fahren dann den Weg hinunter nach Bingerbrück. Die erste Etappe liegt hinter uns, denke ich und konzentriere mich dann auf die Abfahrt. Das Fahrverhalten eines beladenen Fahrrads ist anders, als wenn man kein Gepäck hat.

Das haben wir nicht geübt.

Der Jüngste macht mir Sorgen. »Langsam fahren«, mahne ich und erkundige mich gleich, wie's geht. »Prima«, kommt die Antwort.

An seiner Stimme höre ich, dass es ihm Spaß macht zu fahren.

Ich habe die Spitze übernommen, die Kinder sind hinter mir. Der Abstand ist richtig und ich schaue hin und wieder in den Rückspiegel, den ich extra gekauft habe.

»Siehst du uns?«, kommt eine naseweise Stimme von hinten.

»Ja, ja, sehr gut sogar«, antworte ich. Sie sollen ruhig wissen, dass ich aufpasse, dass sie vernünftig fahren. Doch heute Morgen haben sie keine Flausen im Kopf, sie sind sehr bemüht, alles richtig zu machen.

Wir sind jetzt unten am Rhein an der Uferstraße, halten an und schauen hinauf zur JH, in der wir uns so wohlgefühlt haben. Oben schaut jemand aus dem Fenster des Zimmers, wir winken hinauf und ich mache schnell noch ein Bild von unserer ersten Unterkunft. Dann erkläre ich kurz, wie wir fahren wollen, alles o. k., es geht los.

Ich bleibe an der Spitze, weil ich nicht weiß, ob der Radweg durchgehend ist. Dann müssten wir auch mal auf der Straße fahren. Der Radweg ist wunderbar breit, er führt direkt am Rhein entlang. Das Rheintal ist verhältnismäßig eng. An beiden Seiten erstrecken sich die Weinberge, in der Mitte der Strom, die Eisenbahnschienen und eine Straße. Hin und wieder ein kleiner Tunnel, wenn der Zug durch das Berggestein fährt. Es ist nicht viel Platz an beiden Seiten des Stroms. Die Dörfchen schmiegen sich an die Hänge an. Es gibt eigentlich gar keine großen Ortschaften hier im Tal, aber gerade das finde ich besonders schön. Keine rauchigen Industriekamine und andere Fabriken. Wahrscheinlich konzentriert sich alles auf den Weinanbau und den Fremdenverkehr. Das Mittelrheintal ist nicht umsonst eines der berühmtesten Täler der Welt.

Das werden wir bald schon feststellen, an dem Sprachengewirr, das hier herrscht, besonders in den Jugendherbergen, auf den Schiffen und natürlich bei den Führungen auf den

Burgen.

»Singen wir ein Lied?«, frage ich. »Oh ja!«, kommt es zurück und dann begleitet uns das alte Volkslied »Wem Gott will rechte Gunst erweisen, den schickt er in die weite Welt …«, gefolgt von »Aus grauer Städte Mauern«, »Hans Spielmann, stimme deine Fidel« und anderen Liedern auf unserem Weg den Rhein entlang bis Bacharach.

Mancher Autofahrer, so scheint es mir, beneidet uns ein wenig, wie wir so vergnügt am Rhein entlangfahren. Es kommen uns auch Radfahrer entgegen, die meisten lachen, als sie uns sehen und hören, wünschen uns einen guten Tag und wir grüßen fröhlich zurück.

Mein Gott, macht das Spaß, das Herz wird frei und leicht und wir fühlen uns, als könnten wir die Welt erobern.

Doch neidisch, scheint mir, sind die Götter. Oder ist es nur der Wettergott, der uns nicht hold gesinnt ist? Es braut sich etwas zusammen. Der Wind frischt auf und der Himmel wird immer dunkler.

Ich halte Ausschau nach einem Unterstand. Wir haben Glück. Ein Bahnwärterhäuschen steht da und etwas an der Seite, so eine Art halboffene Garage. Die Räder mit dem Gepäck nehmen wir auch mit hinein. Keine Minute zu früh, schon fallen die ersten Tropfen, dann immer stärker, Sturzbäche fast, die da herunterkommen. Wir sind heilfroh, hier unterstehen zu können. Das Häuschen scheint unbewohnt zu sein. Wir holen unsere orangefarbenen Plastikteller aus der Tasche, eine Tüte Erdnuss-Flips wird verteilt und die Kinder sitzen da und lassen es sich schmecken. Eine Dose Fanta wird geöffnet und so sieht das Ganze nach einer gemütlichen Pause aus. Bis ein Blitz herunterzuckt, dann ein Donnerschlag, der uns zusammenzucken lässt. Das gefällt keinem mehr.

Ich sehe das Unbehagen in den Gesichtern vor mir. Alles, bloß kein Gewitter während einer Radtour. Wir werden hier so lange warten, bis sich das Unwetter verzogen hat.

Es dauert nur etwa eine halbe Stunde, dann ist das Schlimmste vorbei. Wir warten trotzdem noch etwas, manchmal kommen Gewitter zurück. Bald klart der Himmel auf und nach einer Weile scheint wieder die Sonne. Die dunkle Wolkenwand vor Bacherach ist auch nicht mehr zu sehen Soll ich es mit dem Gedicht halten, aus dem mir ein Stückchen gerade durch den Kopf geht? Da heißt es: »Wer voll Vertrauen die Welt besieht, den freut es, wenn ein Regenschauer mit Blitz und Sturm vorüberzieht.« Ich stelle fest, dass meine Freude über das Unwetter nicht besonders groß ist. Ich traue den Sonnenstrahlen, die jetzt so freundlich durch die Wolken blinken, noch nicht so recht. Zu plötzlich kam dieser Regenguss.

Wir werden noch ein bisschen warten.

Nach einer Weile, als es konstant freundlich aussieht, fahren wir weiter. Wir wollen ja heute noch unser Ziel erreichen. Schon bald ist es recht warm, und wenn es vorher kühl war, so schwitzen wir jetzt fast. Also anhalten, Jacken ausziehen und verstauen. Wir klemmen sie unter die Spanngurte am Gepäck, so dass wir sie notfalls schnell bei der Hand haben. Durch das Fahren auf dem nassen Gehweg ziehen wir kleine Wasserfontänen hinter uns her. Also heißt es: Abstand halten, damit wir nicht als Dreckspatzen auf der Burg Stahleck ankommen.

Ich gebe das Zeichen zum Halten. Uns gegenüber auf der anderen Rheinseite liegt Assmannshausen, ein hübsches Städtchen mit Fachwerk-Häusern, Gaststätten und Cafés an der Rhein-Promenade. Es soll der einzige Ort im Rheintal sein, wo Rotwein angebaut wird, stand in einem Prospekt. Weißwein überwiegt. Bei Gelegenheit wollen wir auch die rechtsrheinische Seite kennenlernen. Von Assmannshausen geht auch eine Seilbahn zum Niederwalddenkmal hinauf. Der Weg ist aber weiter.

Vor uns erhebt sich auf einer 80 Meter steilen Felsnase die Burg Rheinstein, von der uns der nette Herr im Zug bereits erzählt hat. Die Burg befindet sich in preußischem Besitz und kann besichtigt werden. Wir überlegen, ob wir sie anschauen sollen, verwerfen den Gedanken aber wieder, weil wir die Fahrräder unten an der Straße stehen lassen müssten. Der Fußweg zur Burg hinauf ist zu schmal und zu steil. Das schaffen wir nicht mit den Rädern.

Die Burg sieht sehr romantisch aus. Schmal, aber hoch aufragend und irgendwie elegant mit ihren Türmchen und Zinnen, schmiegt sie sich an den Felsen.

Schade, dass wir sie nicht besichtigen können. Wir fahren weiter, Richtung Burg Reichenstein, die oberhalb der Ortschaft Trechtingshausen liegt. Reichenstein ist eine alte Raubritterburg und viel größer als Burg Rheinstein.

So langsam bekommen wir Hunger und Durst und freuen uns, als wir das Ortsschild von Trechtingshausen sehen. Wir hören Blasmusik und beschließen, den Klängen nachzugehen. Wo Musik und ein Fest ist, gibt es bestimmt auch etwas zu essen. Es ist Samstag und die Läden haben bereits geschlossen. Durch das Unwetter haben wir viel Zeit verloren.

Es ist ein Musikfest und der Duft von Bratwurst steigt uns in die Nase. Die Kinder sitzen schon ganz vorne bei der Musik, die Räder in Sichtweite abgestellt.

Meine kleine Reisetasche trage ich immer bei mir. Wir werden etwas neugierig, aber freundlich angesehen.

Die Rheinland-Pfälzer sind ja Touristen gewöhnt. Und zu

Burg Rheinstein

einem Fest kommen sonst bestimmt auch Fremde. Wir essen und trinken etwas und machen uns dann wieder auf den Weg, obwohl wir gerne sitzen geblieben wären und der Musik zugehört hätten. Sie spielen recht gut.

Ich stelle fest, dass ich die Filme im großen Koffer habe, der inzwischen in St. Goar ist. Wie dumm von mir, wenigstens einen Reservefilm hätte ich in meine Tasche packen sollen, aber ärgern über mich selbst hilft jetzt auch nichts. Wir brauchen unbedingt einen Film. Von der Burg Reichenstein könnte ich ein paar schöne Aufnahmen machen. Dafür reicht der Film in der Kamera nicht. Ein Gemischtwaren-Lädchen im Ort hat zwar nicht mehr offen, aber die Inhaberin putzt gerade die Treppe. Wir fragen nach einem Film. Sie hat noch einen da, sogar die passende Ausführung. Nur das Datum sei bereits abgelaufen, meint sie. Ich nehme ihn trotzdem. Sie sagt, die Filme würden immer länger halten, als draufsteht, und ich bekomme ihn sogar etwas billiger. Bin ich froh, dass wir einen Film bekommen haben. Wir bedanken uns für ihre Freundlichkeit, reden noch ein bisschen, erzählen, wohin wir fahren, und bekommen wieder gute Wünsche für die Weiterfahrt.

Dann geht's den Berg hinauf. Es ist etwas anstrengend, bis wir oben sind, aber es hat sich gelohnt. Die Burg ist recht groß. Wir fragen, wann eine Führung ist. Gleich, hören wir,

64

also, Räder abschließen, Eintrittskarten kaufen und hoffen, dass das Gepäck noch da ist, wenn wir wieder unten sind. Wir fragen, ob der freundliche Verkäufer vielleicht so mit einem Auge ein bisschen unsere Räder bewachen könnte, und er nickt. Wir wären doch sonst sehr unruhig gewesen. Über eine Zugbrücke kommen wir durch ein großes Burgtor, an dem vor allem die eisernen Spitzen beeindrucken, ins Innere der Burg. Im Hof stehen Kanonen, große und kleine. Und Steinkugeln liegen herum. Man kann sich eigentlich gar nicht vorstellen, dass solche 10- oder 20-kg-Pfünder durch die Luft fliegen.

Wollte man eine Burg erobern, schoss man die Steinkugeln mit Katapulten so lange auf eine Stelle in der Mauer, bis diese nachgab. So konnte man eine Bresche schlagen, um ins Innere der Burg zu gelangen. Burgtore wurden mit einem Rammbock bearbeitet, einem schweren, langen Stamm, dessen vorderes Ende mit einer Eisenspitze versehen war. So langsam bekommen wir eine Vorstellung davon, wie damals gekämpft wurde.

Da gibt es eine eiserne Kugel mit spitzen Zacken an einer Eisenkette. Eine fürchterliche Waffe, die als »Morgenstern« bezeichnet wird. Wer damit morgens oder abends eins überbekam, war vielleicht am anderen Tag schon tot.

Schwerter, Hellebarden, Lanzen und ähnliche Mordwerkzeuge lehren uns das Gruseln. Das muss ein fürchterliches Kämpfen gewesen sein! Man mag es sich gar nicht vorstellen.

Ein Besitzer der Burg war eifriger Jäger. Riesige Geweihe hängen an den Wänden. Sogar Bärenfelle sind zu sehen. Zu dieser Zeit gab es hier noch Bären.

Wir werden durch die Räume geführt, bewundern eine große eiserne Schatzkiste, deren Schließmechanismus uns sehr beeindruckt. Wir lassen uns erklären, wie die doch ziemlich kalten Räume der Burg beheizt wurden. Um die Herrschaften in den Räumen nicht zu stören, wurde eine Art Kachelofenheizung installiert. Vom Flur aus wurde das Feuer in Gang gehalten, in den Räumen wurden die Klappen geöffnet und so die Wärme in den Raum geleitet. Klingt eigentlich fast modern.

Trotzdem waren die Burgen im Winter sehr kalt und manche Burgfrau oder der Burgherr starben früh. Die riesigen Räume mit den dicken Mauern wurden einfach nicht richtig warm.

Ich kann mir vorstellen, dass ein Ritter mit Rheuma auch keine besonders gute Figur abgab, wenn er ein Pferd bestieg. Praktisch war es da schon, wenn er mit einer Art Flaschenzug auf sein Pferd gehievt wurde. Je nachdem, wie schwer seine Rüstung war, ging es wohl auch nicht anders.

Burg Reichenstein bei Trechtingshausen

Wir schauen uns eine Kemenate an, das Zimmer einer Burgherrin.

Besonderen Komfort gab es nicht, das Bett war sehr kurz. Man schlief damals fast sitzend auf einem Berg von Kissen, zum Teil auch wegen der komplizierten Frisuren, die man trug.

Die Zimmer waren einfach ausgestattet: Tische, Stühle, Schränke, meist mit schönen Holzschnitzereien verziert.

Später werde ich hören, warum die Betten damals alle einen Himmel hatten. Nicht nur, weil die Wärme so besser gehalten wurde, sondern auch wegen der Wanzen, die von der Decke zuerst in die Mulde des Himmels fielen. Igitt, denke ich, wir wissen doch gar nicht, wie schön wir es heute haben. Ich fotografiere recht viel, um eine Erinnerung für später zu haben.

Der Mann, der die Führung macht, fragt mich dann, ob ich das professionell mache. Erstaunt antworte ich: »Nein, nur für uns.«

Er erklärt uns, dass immer wieder in Burgen eingebrochen wird, die besonders schönen Stücke geraubt werden und irgendwo bei Liebhabern dieser alten Sachen verschwinden. Ich kann ihn beruhigen, wir sind nicht von diesem Metier. Nach einem Rundgang wird uns dann gezeigt, dass sogar die Ritter damals schon gekegelt haben und eine richtige Kegelbahn besaßen. Auch damals gab's nicht jeden Tag Minnesang und Unterhaltung, auch wenn es auf den Burgen oft gesellig zuging, Gäste beherbergt und Feste gefeiert wurden. Auch Dichter waren auf den Burgen gern gesehene Gäste, da die Burg meist den kulturellen Mittelpunkt bildete.

Wir steigen hinauf auf den Turm. Oben zupft der Kleine die beiden anderen ängstlich am Arm. »Nicht so weit hinauslehnen, das ist tief«, bittet er. Und recht hat er, es geht weit hinunter.

Vieles hier oben ist baufällig, ein Teil des oberen Durchgangs deswegen gesperrt. Vom Turm hat man einen schönen Blick über das Rheintal und ich stelle mir gerade vor, wo vielleicht die ärmlichen Katen der Bauern und Tagelöhner standen. Es gab in dieser Zeit immer wieder Hungersnöte. Die Wälder reichten oft bis an die Burg. Die Burgherren durften jagen, so konnten sie ihren Speisezettel aufbessern. Für die armen Leute war es verboten.

Die Führung ist beendet und die Tür wird hinter uns wieder verschlossen. Burg Reichenstein hat imponierende Ausmaße.

Als hier in der Gegend unten bei der Clemenskapelle im Jahr 1258 Raubritter hingerichtet wurden, da war auch einer von Reichenstein dabei. Und ein Ritter von Sooneck, das ist die nächste Burg, die wir auf der Weiterfahrt hoch oben im Wald erblicken.

Es gibt die Sage vom »blinden Schütz von Sooneck« und eine vom wilden Ritter, der für seine Vergehen vom Teufel geholt wird.

Das passt.

Es ist schon eine interessante Gegend und ich bin gespannt, was wir hier noch alles erfahren und erleben werden. Ganz sicher bin ich, dass es nie langweilig sein wird. Ständig sehen und hören wir Neues, so dass der Geist und die Augen immer beschäftigt sind.

Auf der Weiterfahrt reden wir noch ein bisschen über das, was wir gesehen haben. Der Radweg ist hier so breit, dass wir sogar gut nebeneinander fahren können.

Burg Reichenstein hat allen gut gefallen, und während die Zeit mit Gesprächen vergeht, nähern wir uns Bacherach.

Wir halten kurz an, um eine Cola-Dose aus der Tasche zu holen. Da zuckt vom Himmel ein Blitz herunter, der Donnerschlag folgt fast sofort. Das bedeutet, das Gewitter ist sehr nah. Wir sind total erschrocken, wir dachten, das ist vorbei. Ich suche schon die Strecke ab, wo wir vielleicht halten könnten. Ich warte ein wenig, aber es kommt nichts mehr. Die Straßen glänzen noch vom Regen, da muss es kräftig geschüttet haben.

Burg Sooneck

Nun sind wir fast in Bacherach. Wir können schon den weißen Turm einer Kirche sehen, die eigentlich aussieht wie ein Wehrturm, aber eckig ist. Auf halber Höhe entdecken wir die Ruinen der Wernerkapelle und ganz oben, wirklich ganz oben, sehen wir die Burg Stahleck. Da wollen wir hin. Imponierend und doch sehr hübsch mit den runden, schiefergrauen Türmen, liegt sie oberhalb der Weinberge.

Wir müssen jetzt zuerst mal schauen, wie wir da hinaufkommen.

Voller Besorgnis betrachte ich das Gepäck, dann die Kinder. Wir fahren etwa bis zur Ortsmitte, folgen dann einem Richtungsschild zur Burg. 3 km weiter, ein kleines Örtchen. Bis hierher ging's, jetzt kommt der Aufstieg. Das wird hart. Der Kleine hängt am Berg, 17 % Steigung, aber er schiebt tapfer sein Fahrrad. Wenn ich frage, ob er müde ist, antwortet er: »Nein, Mama, es geht.« Auch die zwei größeren Kinder halten sich recht gut. Nur der Große jammert nach etwas Trinkbarem. Wahrscheinlich klebt ihm die Zunge am Gaumen.

Irgendwann rechne ich mal aus, was ich nur für Trinken ausgebe. Cola, Fanta, Sprudel, Kakao, Milch, Saft, alles wird getrunken. Nur auf den Tee in den JHs, den sie kostenlos bekommen könnten, ist keiner erpicht.

Aber durch das Argument, der Tee kostet nichts und Durst

habt ihr, wird er dann doch ab und zu getrunken. Man kann in den JHs am Schalter auch Getränke kaufen oder wir ziehen eine Flasche aus dem Getränkeautomaten. Doch so weit sind wir jetzt noch nicht.

Ich stelle mein Fahrrad ab, gehe ein Stück zurück und helfe dem Großen, sein Rad ein Stück weiter hinaufzuschieben. Dann kommt Markus dran. Ich helfe schieben, bis wir ein Stück oberhalb von meinem Fahrrad sind. Als ich zurückgehe, sagt doch der Kleine, der fast bei meinem Fahrrad ist: »Du brauchst mir nicht zu helfen, ich schaff das schon.« Ich staune, was für ein Ehrgeiz. Ich versuche ihm trotzdem etwas zu helfen, indem ich vorgebe, schon etwas müde zu sein und mich ein bisschen bei ihm abzustützen. Dabei schiebe ich das Rad mit der linken Hand ein wenig mit. Ich glaube, er durchschaut mich. Ein Stückchen weiter oben meint er: »Ich schaff das schon.« Vielleicht will er uns beweisen, dass auch der Kleinste ein Großer sein kann.

Wir sind oben. Links zweigt ein kleiner Weg ab, der uns hinüber zur Burg führt. Ach, ist das schön, fahren zu können, denkt bestimmt jeder von uns.

Kurze Zeit später liegt Burg Stahleck vor uns. Wir haben es tatsächlich geschafft. Doch mein Blick geht zurück. Runterfahren darf man hier auch wieder nicht.

Wir sind riesig gespannt, wie es in der Jugendherberge sein

wird. Über eine Zugbrücke fahren wir in die Burg ein. Im Innenhof ist es ruhig. Ein paar Radfahrer sind da und warten wahrscheinlich ebenfalls darauf, dass der Anmelde-Schalter geöffnet wird. Wir stellen unsere Fahrräder ab und setzen uns zuerst mal auf eine Bank, um ein bisschen auszuruhen nach dieser Anstrengung.

Die Burg ist recht geräumig. Ein Fachwerkbau, ein dicker Wehrturm in der Mitte. Und ein überwältigender Blick hinunter ins Rheintal. Im Innenhof ist viel Platz, zum Rhein hin eine Mauer, die bestimmt abends von Jugendlichen besetzt sein wird, der Wehrturm ist mit einem Durchgang mit dem Haus verbunden.

Wir freuen uns, hier zu sein und das alles erleben zu dürfen.

Der Schalter wird geöffnet, wir melden uns an, geben unseren JH-Ausweis ab und bestellen gleich Abendessen.

Dann ziehen wir, zum zweiten Mal auf dieser Reise, beladen mit Betttüchern, Bettwäsche und unserem Gepäck durch die Gänge zu dem Zimmer, das wir bekommen haben. Schade, dieses hier hat kein Waschbecken, aber wir sind sehr froh, dass wir ein Zimmer für uns allein haben. Und sogar richtige Bettdecken, wie wir gleich mit Freude feststellen.

Wir öffnen das Fenster. Der Ausblick ist herrlich. Unser

74

Zimmer geht zum Innenhof. Wir sind auf der Seite, von der man das Stück des Rheintals überblicken kann, wo wir heute gefahren sind.

Besonders die Straße ist hier gut zu sehen, bis sie hinter einer Biegung verschwindet.

Unser Magen meldet sich. Wir haben Hunger und Durst und sind gespannt, was es heute zum Abendessen gibt. Wir stellen die Taschen im Zimmer ab und gehen zuerst mal duschen. Die Dusch- und Waschräume sind im Untergeschoss, also alles da, was man braucht, um sich wohl zu fühlen.

Frisch angezogen suchen wir den Speisesaal. Wir steigen eine Treppe hinab und sagen nur noch: »Schön!« Der Raum ist getäfelt, an beiden Längsseiten stehen Tische und Stühle und an der Stirnseite oben entdecken wir einen runden Tisch. Eine hübsche Lampe rundet das gemütliche Bild ab. Das wird unser Platz. Er wird gleich beschlagnahmt, d. h. einer bleibt gleich da sitzen. Wir fragen natürlich, ob der Tisch frei ist. Eine Gruppe junger Leute sitzt an den Längsseiten des ersten Tisches und es könnte ja sein, dass der Tisch vergeben ist. Aber dem ist nicht so, und wir sind froh über unseren hübschen Essplatz.

Auf einem Teewagen bringe ich das Essen zu unserem Tisch. Es gibt Sauerkraut, Salzkartoffeln und eine Wurst,

Blick von Burg Stahleck auf den Rhein bei Bacherach

einen Nachtisch und Tee. Wir lassen es uns schmecken. Ich merke wieder, eine warme Mahlzeit am Tag muss einfach sein.

Danach dürfen wir abräumen, den Tisch saubermachen und wieder spülen und abtrocknen. Es ist in Ordnung. Das Essen ist so preiswert und es war gut, dafür trocknen wir gerne ab. Es blitzt hier alles vor Sauberkeit und ich bin angenehm überrascht. Nur schade, dass es nur zwei Tage sind, die wir hier auf der Burg bleiben können. Aber ich verstehe, dass die Burg gut belegt ist. Es ist schön hier.

Wir gehen hinauf in den Hof, wo wir uns noch eine Weile auf eine Bank setzen und uns über die Fahrt hierher unterhalten. Markus holt das Federballspiel und wir spielen, bis wir den Federball fast nicht mehr sehen können. Die Sonne geht langsam unter. Es wird wieder kühl und wir frösteln etwas in der frischen Abendluft. Also gehen wir hinauf in unser Zimmer, und nachdem die Kinder im Bett sind, bleibe ich noch am Fenster sitzen und schaue hinaus in den Nachthimmel. Das silberne Band des Rheins schimmert im Mondschein und es ist sehr ruhig hier oben auf der Burg. Kaum ein Laut ist zu hören, nur ab und zu ein leiser Schritt auf dem Flur.

Dann gehe ich ebenfalls zu Bett. Bald bin ich eingeschlafen und träume dem nächsten Tag entgegen.

Am anderen Morgen sind wir frisch, froh und tatendurstig. Wir haben wunderbar geschlafen, das muss an der Luft hier oben liegen. Wir sind ja auch hier dem Himmel ein Stückchen näher als die unten im Tal.

Ich schaue aus dem Fenster, um nach dem Wetter zu sehen. Das ist fast schon ein Ritual, wenn auch mit ganz profanem Hintergrund. Jeden Morgen stellt sich ja die Frage: Was sollen wir anziehen, lange Hosen, kurze Hosen, brauchen wir eine Regenjacke? Der Wind hat aufgefrischt, es sieht recht kühl aus.

Der eine will kurz, der andere lang, einer wird frieren oder schwitzen, sollen sie selbst entscheiden. Nur eine Jacke wird mitgenommen, darauf bestehe ich.

Dann geht's runter zum Frühstück. Wir genießen es richtig, diese gemütliche Ecke zu haben, sprechen darüber, was wir heute machen wollen, und wären noch länger sitzen geblieben, wenn nicht aus der Küche der Ruf gekommen wäre: »Abräumen!« Natürlich wollen sie auch in der Küche fertig werden.

Wir werden gefragt, woher wir kommen. Eine Frage, die wir noch oft beantworten werden auf dieser Fahrt. Oliver sagt ganz laut: »Aus Schlechtbach.« Alle lachen, keiner weiß natürlich, wo das liegt. Als Erklärung kommt dann noch:

»Bei Rudersberg.«

Natürlich kennt auch niemand Rudersberg. So halb entschuldigend meine ich: »Aus der Nähe von Stuttgart, so ca. 40 km weit entfernt, Richtung Aalen.« Da hören wir zum ersten, aber nicht letzten Mal, ein bisschen spöttisch, aber nett: »Ach so, Schwaben!!« Als ich frage, warum, kommt noch: »Braucht ihr immer so lang zum Essen?« Da begreife ich: Schwaben werden als langsam eingestuft.

Wir sagen natürlich, die JH gefalle uns so gut und der Essplatz sei so hübsch, deshalb seien wir länger sitzen geblieben. Aber so richtig überzeugt habe ich sie nicht, glaube ich. Ja, da sind sie, die Stempel, die man aufgedrückt bekommt. Zu Hause sagte mal jemand: »Die dummen Schwaben«, es war ein Norddeutscher, und es hat mich so geärgert, dass ich ihm entgegnete, ich sage ja auch nicht, dass er ein Fischkopf ist. Also bitte, es geht ohne solche Sprüche.

Es macht nichts, wenn sie uns als ein bisschen langsam einstufen, wir haben ja auch wirklich sehr gemütlich gefrühstückt. Wozu morgens die Eile, wenn man nicht gerade abreisen muss?

Nachdem wir unsere Pflichtübung mit Spülen und Abtrocknen hinter uns haben, gehen wir noch mal hinauf in unser Zimmer. Wir holen unsere Jacken und den Fotoapparat. Beim Frühstück haben wir beschlossen, mit dem Schiff einen Ausflug nach Kaub zu machen und vielleicht zur Burg Gutenfels hinaufzuwandern, wenn die Zeit reicht. Diesmal nehmen wir nicht die Straße nach Bacherach, die wir bei der Anfahrt hatten, sondern einen Fußweg, der von der Burg Stahleck direkt und steil hinunter nach Bacherach führt. Durch zwei Burgtore geht es abwärts. Der Weg ist von Bäumchen überdacht, schön grün und kühl, wunderhübsch, zum Abwärtshüpfen gut geeignet. Lustig und vergnügt kommen wir unten an. In der Hälfte der Zeit, die wir für den anderen Weg gebraucht hätten. Nur leider für Fahrräder völlig ungeeignet.

Das Wetter ist nicht so, wie wir es gerne hätten. Zu kühl, zu windig, der Himmel seltsam blaugrau.

An der KD-Schiffsanlegestelle warten schon Leute. Wir kaufen vier Tickets für die Fahrt nach Kaub, zunächst für einfache Fahrt. Es dauert nicht lange, da legt ein großes, schönes Schiff der weißen Rheinflotte an.

Wir suchen uns einen Platz an Deck. Aber wir finden keinen, denn das Schiff ist voll besetzt. Auch im Restaurantraum gibt es keinen Platz. Es ist schrecklich, wie viele Leute auf diesem Schiff sind.

Wir stellen uns an die Reling und schauen zu, wie das Schiff Fahrt aufnimmt. Die Weinberge begleiten uns an beiden

Seiten des Rheins. Lange noch könnten wir so fahren, ich sehe es an den Gesichtern der Kinder.

Doch da taucht in der Mitte des Stroms eine seltsame Burg auf, eine Form wie ein Schiff, den Bug auf uns gerichtet. »Pfalzgrafenstein«, wird durchgesagt, volkstümlich nennt man sie aber nur die »Pfalz« bei Kaub. Es ist eine kurpfälzische Zollburg.

Das Schiff legt an, wir steigen aus und schauen ein bisschen wehmütig hinter dem Schiff her, das, einen weißen Streifen Gischt hinter sich herziehend, bald unseren Blicken entschwindet. Wie gerne wären wir noch mitgefahren!

Wir trösten uns mit dem Gedanken, dass wir morgen mit den Rädern auch schon weiterziehen, unserem nächsten Ziel entgegen.

Jetzt sehen wir uns aber zuerst mal Kaub an.

An der Hafenpromenade entdecken wir ein großes Denkmal für Fürst Blücher. Man nannte ihn auch »General Vorwärts«. In der Neujahrsnacht im Jahr 1853 trieb Blücher hier die Franzosen über den Rhein. Er verfolgte sie bis Paris. Kaub liegt rechtsrheinisch. Hier am Rhein ist Geschichte so intensiv, dass man gar nicht anders kann, als sie wahrzunehmen. Überall findet man die Zeugen der Vergangenheit, der jüngeren und älteren Geschichte des Rheintals, bis hinauf an den Niederrhein mit Xanten und der Nibelungensage.

In der Ortsmitte von Kaub stehen wir vor alten Kanonen, die aus der Zeit Napoleons stammen. Prima, begeistern sich die Buben und nehmen sie gleich in Besitz. Ich setze mich auf eine Bank und schaue zu, wie sie spielen. Der eine ist der große Feldherr, es fehlt nur noch der Dreispitz, und ganz so klein war Napoleon nun doch nicht, denke ich. Aber die Stimme ist bestimmt und gebieterisch, die könnte vielleicht hinkommen. So ist es ja immer auf der Welt, einer kommandiert, der Rest muss parieren.

Dem Kleinen gefällt's, er reiht sich ohne Protest ins Fußvolk ein, nur der Große versucht einen Einwand. Eigentlich müsste er der Oberst sein, aber da ist nichts mehr zu machen. Wenn sich einer schon selbst zum Generalfeldmarschall befördert hat, so macht er das nicht rückgängig. Ja, die Großen wie die Kleinen, keiner steht gerne zurück auf dieser Welt. Hier ist es Spiel, später wird es Ernst.

Nach einer langen Weile rufe ich sie, wir wollen uns das Städtchen noch ansehen. Bei einem Bäcker und einem Metzger kaufen wir etwas fürs Mittagessen. Als ich vorschlage, zur Burg hinaufzuwandern, hat keiner so richtig Lust dazu. Angucken kann man sie innen ohnehin nicht, es ist ein Internat in der Burg, so dass man sie nur von außen besichtigen könnte.

Es ist sehr warm geworden und so bummeln wir noch ein bisschen durch den Ort, suchen ein Plätzchen für unser Vesper. An der Hafenpromenade finden wir bald eine Bank. Eine Kletterstange ist auch da, und bis ich die Brötchen gerichtet habe, spielen sie schon wieder. Zirkus: der eine ist ein Löwe, ein Äffchen, der andere Dompteur und die Kletterstange wird zum Drahtseil, an dem die Kunststücke vorgeführt werden. Ein großer Baum bildet das Zirkusdach und die Zuschauer werden von mir dargestellt. Herz, was brauchst du mehr? Ein bisschen Fantasie und die Welt verwandelt sich in einen Zaubergarten.

Ich wäre zufrieden mit dem Tag, wenn es nicht so heiß geworden wäre. Als die kleinen Künstler müde sind, wird der Ruf nach einem Eis laut. Einem, nein, zwei oder drei, es kann gar nicht genug sein.

An der Hafenpromenade gibt es nette Restaurants und Cafés mit Terrassengärten. Dort kann man herrlich im Schatten sitzen. Wir bestellen eine große Portion Eis für jeden, es ist sehr gut. Aber anscheinend mögen Wespen auch Eis, wir müssen sehr aufpassen, dass wir keine mitessen.

Am Hafen erkundigen wir uns dann bei einem Lotsen, wie man zur Burg Pfalzgrafenstein hinüberkommt. In zeitlichen Abständen fährt ein Boot, hören wir. Wir haben Glück, ein Schiffchen kommt gerade, um wieder Fahrgäste

Burg Gutenfels über Kaub

aufzunehmen. Wir kaufen Fahrscheine und dann tuckert es los. Drüben werden wir abgesetzt und die Fahrgäste von der Insel wieder mitgenommen.

So etwa eine Stunde haben wir Zeit, die Burg anzusehen und eine Führung mitzumachen. Meistens sind Führungen interessant, man lernt eine Menge über das, was man gerade anschaut.

Es ist wieder eine Zollburg, wo man Abgaben entrichten musste. Konnten die Schiffer nicht zahlen, sperrte man sie im Verlies ein, bis sie ausgelöst wurden. Mancher verlor sein Schiff und sein Leben. In der Burg ist das Verlies so, dass die Leute weit unten, fast über dem Wasser, auf einem Stahlgitter saßen – na ja, es war gleich das WC – und, wenn sie Glück hatten, irgendwann wieder heraufgezogen wurden. Die Burg war kurpfälzisch und gehörte König Ludwig, dem Bayer.

Uns grauste es ordentlich bei der Vorstellung, wie es hier zuging.

Die Burg selbst ist schön angelegt, stellen wir bei einem Rundgang fest. Es wird gerade renoviert, die Innenräume sind alle leer. Außer dem Burggebäude mit Verlies ist also nicht viel zu sehen. Aber mein Bedarf an Schaurigkeit ist für heute ohnehin gedeckt.

Das Boot holt uns wieder ab und bringt uns sicher hinüber

Die "Pfalz" bei Kaub – Burg Pfalzgrafenstein im Rhein

nach Kaub. Wir fragen nach einer Fähre, die uns auf die andere Seite bringt. Wir müssen nur kurz warten, dann setzen wir über ans andere Ufer, wo Bacherach liegt. Es ist schwierig am Rhein, auf die andere Seite zu kommen. Es gibt von Bingen bis Koblenz hinauf keine Brücken über den Rhein, man ist auf die Fähren angewiesen.

Wir sind drüben, aber die Hitze plagt uns. Wir müssen noch ein gutes Stück laufen, bis wir in Bacherach sind, und außer zwei Dosen habe ich nichts mehr zum Trinken dabei. Sie sind bald leer.

Zum Schutz vor der Sonne ziehen wir unsere Jacken über den Kopf, halten sie mit den Händen ein bisschen hoch, damit sie wie ein Dach wirken. Wir sehen bestimmt etwas seltsam aus, mancher Autofahrer guckt ganz entgeistert, was wir da machen. Müde und vor allem durstig kommen wir in Bacherach an. Dort gibt's zuerst mal Sprudel und dann noch ein Eis. Den Fußweg hinauf zur JH schaffen wir noch, dann sind wir total kaputt.

Es reicht noch zum Abendessen, das gerade ausgegeben wird. Wir holen unsere Portion ab, es sieht sehr lecker aus, aber wir sind so müde, dass wir schweigend essen und dann nur noch hinauf ins Zimmer wollen. Neben uns sagt jemand: »Stellt eure Teller dazu«, wir nicken nur noch dankbar und gehen nach oben in unser Zimmer.

Dann wieder runter in den Waschraum und wieder hinauf. Wir legen uns aufs Bett. So müde sind wir, dass wir fast einschlafen. Im Hof der JH wird es jedoch lebhaft, und nachdem wir uns ausgeruht haben, gehen wir hinunter in den Hof. Eine Gruppe von Jugendlichen ist da, sie singen oder spielen im Hof.

Ganz lustig ist: »Bolle reiste jüngst zu Pfingsten, nach Pankow war sein Ziel .....«, dabei wird bei jedem Vers so eine Art »Regenschirm«-Refrain angehängt, zu dem in die Hände geklatscht wird. Sie sind mit viel Spaß dabei.

Ich hole mir eine Cola aus dem Automaten, obwohl ich lieber einen Kaffee gehabt hätte, aber das gibt's abends nicht. Ich sehe nach meinen Burschen. Da sitzen alle drei am Bergfried, dem großen Turm in der Mitte der Burg, und spielen wieder. Sie bauen mit Hölzchen, Ästen und kleinen Holzplatten eine Burg und ich staune, was für ein tolles Bauwerk das nach zwei Stunden geworden ist. In Kaub haben wir in einem Lädchen Ritter gekauft und diese erfüllen ihre Burg nun mit Leben. Gekämpft wird auch schon, wie könnte es auch anders sein.

Es ist schade, dass es schon dunkel wird. Die Zeit ist so schnell vergangen und die Kinder trennen sich nur ungern von ihrer Burg.

Wir fahren morgen wieder und so gehen sie doch ohne

Murren ins Bett.

Ich bemerke, dass draußen der Himmel immer dunkler wird, im Halbschlaf höre ich dann noch, wie die Regentropfen aufs Dach fallen und ihr gleichmäßiges *tack, tack, tack* begleitet mich in den Schlaf.

Am anderen Morgen wecken uns die Sonnenstrahlen, die warm und hell ins Zimmer fallen. Leicht schräg sieht man sogar die Staubteilchen in ihren hellen Streifen tanzen.

Ich packe unsere Sachen ein, wecke die Kinder und wir gehen etwas wehmütig frühstücken. Ein freundlicher »Guten-Morgen«-Gruß aus der Küche macht uns das Herz fast noch schwerer. Das Frühstück ist wieder ausgezeichnet. Wir räumen, spülen und trocknen ab. Heute sind wir schneller. Wir müssen noch die Bettwäsche abziehen, zusammenlegen und nachschauen, ob wir alles haben. Fufu und Katerchen, der Fotoapparat, das Federballspiel, alles ist gut verstaut.

Jetzt geht's runter zur Abmeldung, die Rechnung bezahlen, wir bekommen unseren Ausweis zurück, dann geht's zu den Fahrrädern. Noch ein wenig Luft in die Reifen, gucken, ob alles in Ordnung ist. Der Reifen von Markus ist zu weich, das ist nicht gut.

Ich pumpe auf und dann fahren wir hinaus aus der Burg, der nächsten Station entgegen. Auf der Zugbrücke rufe

ich noch kurz: »Stopp, bleibt mal so, ich mache ein Bild.«
Ich gehe etwa fünf Meter zurück, um möglichst viel von
der Burg aufs Bild zu bekommen, da sagt eine freundliche
Stimme neben mir: »Möchten Sie nicht mit aufs Bild?« Ich
drehe mich um, ein netter Herr lächelt mich an, seine Frau
und Tochter auch, und ich sage: »Natürlich gerne, wenn
Sie so nett wären.« Er fotografiert uns, wir bedanken uns
und freuen uns über diese nette Geste.

Der Tag fängt gut an, das Wetter scheint auch freundlich
zu sein und ich hoffe auf einen guten Reisetag.

Dann stehen wir am Berg, 17 % Steigung waren es, jetzt
sind es 17 % Gefälle.

Es gibt eine kurze Diskussion, eigentlich will auch keiner
fahren, es ist zu steil. Doch, mutig genug wären sie. Ich
habe Bedenken, das Gepäck schiebt auch mit. Also geht's
zu Fuß den Berg hinunter, ca. einen Kilometer, das ist nicht
allzu weit. Es lohnt sich nicht, etwas zu riskieren. Im Ort
unten steigen wir auf die Räder und mit »Hurra« geht es
nach Bacherach.

Wir sind kaum an der Hauptstraße, da entweicht die Luft
aus dem Fahrradreifen von Markus. Total platt, ein ab-
scheulicher Anblick, vor allem, wenn man gerade auf große Fahrt gehen will. Im Ort ist ein Fahrradgeschäft, das
wissen wir. Wir laden das Gepäck ab, ich krieg's natürlich

wieder, zur Werkstatt ist es nicht so weit und wir fragen, ob sie uns den Schlauch wechseln. Ja, wir sollen in einer Stunde wiederkommen. Wir bummeln durch Bacherach, na ja, mit Fahrrädern! Eine Bäckerei bietet »Westernbrot« an. Es duftet herrlich und wir können nicht widerstehen. Die Verkäuferin ist sehr nett und schneidet uns das Brot sogar auf. Wir suchen eine Metzgerei. Fleischsalat und etwas Wurst, der Preis haut mich fast um. Ich protestiere, an der Theke sind ja die Preisschildchen.

Sie habe sich verrechnet, höre ich. Keine Entschuldigung, jetzt bin ich sauer. Das mag ich gar nicht. Als letzten Einkauf: Sprudel, ganz wichtig. Wir sind ja doch einige Zeit unterwegs.

Wir gehen zurück zum Fahrradgeschäft. Die Reparatur kostet 12 Mark. Auf die Frage, was war: Der Schlauch sei porös gewesen, Reparieren ein Risiko. Mag sein, denke ich und bezahle. Hauptsache, wir können fahren. Ich klemme ihn aufs Fahrrad und los geht's. Hinaus aus Bacherach, St. Goar entgegen. Wir sind bepackt wie Lastesel und dann noch einen alten Schlauch mitschleppen, ich versteh' mich selbst nicht.

Das Wetter ist heute herrlich und wir sind fantastisch gut aufgelegt. Bei Volker ist die Phase der Klimaumstellung

auch vorbei und er hält sich wacker. Alle fahren sehr diszipliniert und ich bin richtig stolz auf meine kleine Truppe.
In Oberwesel wollen wir den ersten Stopp machen. So ist es geplant. Unser Weg führt uns am Rhein entlang, vorbei an den kleinen Dörfchen auf unserer Seite des Rheins. Auf der anderen Seite sehen wir bald Lorch mit der Burgruine Nollig. Auf unserer Seite die Burgruine Fürstenberg. Es sind nur noch Reste der zwei Burgen vorhanden. Einen Spaziergang hinauf würde es allemal lohnen, schon wegen der herrlichen Aussicht, die man von da oben hat. Wir fahren aber weiter, um mehr Zeit zu haben. In Bacherach haben wir schon eine Stunde verloren. Und wir wollen ja pünktlich in St. Goar ankommen.

Oberwesel liegt vor uns, ein ganz romantisches Städtchen. Die Schönburg thront groß und mächtig am Berg über der Stadt. Es sind riesige Mauern, einfach imposant. Die ganze Burganlage sieht sehr interessant aus. Wir fahren am Bahnübergang, den die Reste eines Wachturms zieren, hinein nach Oberwesel. Rechts sehen wir die Geschäftsstraße. Die Läden sind noch geöffnet und ich brauche schon wieder einen Film. Unsere Filme sind ja im Koffer.

Wir kaufen noch Saft, damit unsere Mahlzeit nicht zu trocken ausfällt, vom Sprudel ist bloß noch die Hälfte da. Auf meinem Fahrrad ist die Kühltasche. Nur hat die Kühlung einen Haken. Wir haben uns nicht getraut, zu fragen, ob wir die Kühlakkus in ein Gefriergerät in der JH legen dürfen. Die Leute in der Küche haben so viel zu tun, ich wollte sie nicht nerven. Also haben wir eine ungekühlte Kühltasche. Das Isoliermaterial hilft ein bisschen, aber eben nicht für Stunden. Vor allem nicht bei der Hitze, die wir heute haben.

Also heißt es demnächst Pause machen, um Brot und Wurst zu vertilgen. Doch zuerst bummeln wir noch ein bisschen durch den Ort. Weiter oben ist die Martinskirche zu sehen, eine alte Wehr-Kirche, wie man am Turm sieht. Erst später wurde das Kirchenschiff angebaut. Die Wehrkirchen boten der Bevölkerung eine Zuflucht bei Überfällen.

Unten an der Uferstraße steht noch so ein großer, steinerner Zeuge vergangener Zeit, ein Wehrturm. Trutzig grau und fest steht er da und hat die Jahrhunderte überdauert. Wie viele Schiffe sind wohl schon an ihm vorbeigefahren, was könnte er uns nicht alles erzählen!

Weiter oben in Richtung auf die Schönburg steht eine große Kirche aus rötlichem Stein, der Liebfrauendom. Wir fahren hin, stehen dann da und schauen an ihren Türmen hoch, man könnte meinen, ihre Turmspitze ragt geradewegs in den Himmel. Es ist wohl eine Besonderheit der gotischen oder romanischen Kirchen, deren Bauweise so

Die Schönburg bei Oberwesel

schlank und elegant ist, dass sie diesen Eindruck vermitteln.

Dem Himmel ein Stückchen näher, denke ich, als wir die Kirche betreten. Sie ist sehr schön. Viele Holzschnitzereien, der Altar wunderschön, eine große farbige Rosette zieht unsere Blicke auf sich. Herrlich, diese Farben.

Aber besonders gut gefällt uns die »blaue Madonna«, wie ich sie für mich nenne. Eine holzgeschnitzte Gruppe an einem Seitenaltar der Kirche. Ich setze mich auf eine Bank und schaue mir diese Holzschnitzerei an. Markus kommt, setzt sich neben mich.

»Gefällt es dir?«, frage ich.

»Ja«, sagt er einfach, »das ist schön.«

Oliver hat eine Kerze angezündet und steht ganz still vor den vielen Lichtchen.

Eigentlich dürfte man gar keine Kerzen anzünden, der Ruß der Kerzen ist mit daran schuld, dass so vieles restauriert werden muss. Aber bei diesen Kirchen gehört das Kerzenlicht einfach dazu. Sonst würde etwas fehlen.

Die Kirche ist auch Grablege der Burgherren. An der Wand stehen große Steinplatten mit den Bildnissen des Grafen und seiner Frau. Beide starben ohne Kinder und wurden hier beigesetzt.

Ganz leise gehen wir wieder hinaus ins helle Licht eines

schönen Sommertages.

Wir fahren hinunter zum Rhein, setzen uns auf die Mauer und holen unser Vesper heraus. Hungrig und durstig sind wir wieder. Oli hüpft auf dem Radweg herum, Markus sitzt mit angezogenen Beinen auf der Rheinmauer und Volker und ich setzen uns auch dazu. Wir lassen die Beine baumeln und finden das Leben schön.

Die Autofahrer tun uns leid in ihren heißen Blechkästen. Eine Klimaanlage ist noch nicht Standard in den Autos.

Wir haben eine Klimaanlage, ein leichter Wind weht uns um die Ohren. Wir müssen aufbrechen, die Fahrt geht weiter.

Die Schönburg haben wir nun doch nicht besichtigt denn der Aufstieg zur Burg und die Besichtigung hätten uns zu viel Zeit gekostet. Außerdem ist sie bewohnt. Trotzdem bedauern wir es ein wenig.

Auf unserer Fahrt nach Koblenz werden wir noch manche Burg und Ruine sehen und ebenfalls nicht besichtigen können. Doch eines haben wir uns vorgenommen, die Marksburg werden wir uns auf jeden Fall angucken. Sie ist die einzige Burg hier im Rheintal, die nie zerstört wurde.

Die Landschaft ist zauberhaft, der Rhein macht hier bei Oberwesel einen weiten Bogen. Die Sonnenstrahlen

96

Oberwesel – mit Martinskirche und Liebfrauendom

tanzen auf dem Wasser des Rheins und lassen auch die Schieferdächer der Häuser glänzen. Die Rebhänge leuchten in frischem Grün, das rötliche Gestein des Liebfrauendoms, das Weiß der Martinskirche, der graue Wehrturm und über allem die mächtige Burg bilden ein wunderschönes Bild, wie man es vielleicht sonst nirgendwo mehr findet. Am liebsten würde ich hierbleiben und den Schiffen nachblicken, die rheinabwärts fahren. Und ein wenig träumen.

Die Fahrt geht weiter am Rhein entlang. Der Radweg ist herrlich breit und wir können ohne Probleme nebeneinander fahren und ein bisschen reden. Wenn die Sonne weiter so scheint, werden wir braungebrannt nach Hause kommen. Sonnencreme haben wir dabei, die wird auch gebraucht an so einem langen Tag.
Etwa einen Kilometer vor uns liegt ein Schiff, das einen Kran an Bord hat, am Ufer. Neugierig, wie wir sind, halten wir an und schauen, was da vor sich geht. Die Uferbefestigung wird ausgebessert. Dazu holt der Kranführer mit dem Greifer eine Ladung dicke, große Steine aus dem Bauch des Schiffes, um sie dann am Ufer abzuladen.
Wenn sich der Greifer öffnet, fallen die Steine mit großem Getöse ins Wasser. Wir sehen, dass der Uferbereich hier sehr

schmal ist. Vielleicht werden Steine auch weggeschwemmt, so dass immer wieder neu befestigt werden muss.

Ich mahne zur Weiterfahrt. Wir wollen ja heute noch nach St. Goar.

Irgendwann müssten wir dann auch den Loreley-Felsen sehen, gleich danach St. Goarshausen, dann auf unserer Seite St. Goar. Und die JH wäre dann auch nicht mehr weit weg. Also strampeln wir weiter.

Andere Radfahrer, auch mit Gepäck, kommen uns entgegen. Es wird hin und her gegrüßt, bestimmt fahren sie jetzt auf die Burg Stahleck bei Bacherach.

Auf der rechten Seite des Rheins schiebt sich langsam ein Riesen-Felsklotz in unser Blickfeld. Das müsste die Loreley sein. Ja natürlich, etwas weiter sehen wir St. Goarshausen und dann müsste auf unserer Seite St. Goar liegen. An dieser Stelle des Rheins erklingt dann auf den Schiffen, die hier am Loreley-Felsen vorbeifahren, das Lied mit dem Text von Heinrich Heine: »Ich weiß nicht, was soll es bedeuten, dass ich so traurig bin. Ein Märchen aus uralten Zeiten, das kommt mir nicht aus dem Sinn …«

Nun, traurig sind wir nicht, wir freuen uns, dass wir fast da sind.

Wir fahren hinein nach St. Goar, es ist ein Touristenort, die Straßen voll mit Leuten. Kein Wunder, wenn man die

Loreley als Attraktion hat. Dazu noch die Burgfestung Rheinfels. Eine riesige Anlage, zum größten Teil Ruine. Geborstene graue Mauern, wahrscheinlich auch von den Franzosen zerstört, schauen auf uns herunter.

Gaststätten, Cafés, Andenkenläden, alles reiht sich hier bunt aneinander. Ausflugsschiffe ankern an den Anlegestellen und warten auf Fahrgäste.

Wir fragen, wo es zur JH geht. Bereitwillig erhalten wir Auskunft und sehen bald selbst den Wegweiser. Natürlich geht es wieder aufwärts und natürlich schieben wir mal wieder. Dann führt ein gerader Weg direkt zur Jugendherberge. Ein weißes, großes Haus, davor ein großer Platz mit schönen, alten Bäumen und natürlich eine Mauer, auf der wir uns zuerst mal niederlassen.

Ich schaue nach, wann wir uns anmelden können, wir müssen noch ein wenig warten. Macht nichts, es ist ja schön hier draußen.

Denke ich und schaue Oliver zu, wie er von unserem Mäuerchen hin und her springt, bis zu einem Baumstumpf einige Meter von uns entfernt. So munter nach einer langen Fahrt, man kann es kaum glauben, er ist der kleinste von uns.

Doch irgendwie erscheint er mir *zu* munter, als er jetzt zu uns herüberrennt. Er schreit und ich sehe auch gleich, warum. Wespen umschwirren ihn, das Gesurre klingt wütend. Bloß keine Panik!, denke ich, schreie aber die beiden anderen an: »Weg hier!«, reiße zwei Handtücher aus meiner Reisetasche, wickle Oliver eines um Kopf und Hals und nehme das zweite zum Wegschlagen der Wespen an Brust, Bauch und Armen. Das gelingt gut, aber die Wespen erwischen ihn an den Beinen. Die Biester stechen, bis ich sie von den Beinen wegkriege. Seltsam ist, dass sie mir nichts tun.

Auch nicht den zwei anderen, nur Oliver wird gestochen. Er hat sie gestört und aggressiv gemacht, im Baumstumpf ist ein großes Wespennest, erfahren wir später. Allerdings ziehen Wespen den Stachel wieder heraus, Bienen jedoch nicht, das wäre extrem gefährlich gewesen. Sieben Stiche zähle ich an den Beinchen. Markus macht ein Handtuch nass und wir wickeln es um die Beine. Da wir keinen Stachel in der Haut sehen, weiß ich, dass es Wespen waren. Ich nehme das Mittel, das mir der Arzt aufgeschrieben hatte, und reibe die Einstichstellen damit ein.

Die Wespen haben sich zurückgezogen. Es kommen immer mehr Leute und fragen, was passiert ist. Der Schreck sitzt mir immer noch in den Gliedern und ich kann kaum sprechen. Meine Hände zittern, ich kann mich nur mit Mühe beherrschen, um nicht loszuheulen. Viele fragen, ob sie helfen können. Ich schüttle nur den Kopf, der Schock sitzt zu tief.

Die Anmeldung ist jetzt offen und ich gehe mit einem Teil unseres Gepäcks rauf zur Anmeldung. Volker geht mit, Markus bleibt bei dem Kleinen. Dann hole ich ihn. Ich nehme Oliver auf den Arm, die Tasche in der anderen Hand und Markus dabei. So warten wir, bis wir drankommen. Oliver darf sich auf den Tisch setzen, der neben dem Anmeldeschalter steht. Er wird immer wieder gefragt, ob er der Junge ist, den die Wespen gestochen haben. Zuerst sagt er nur ja, zuletzt klingt das schon richtig gut. Er wird bedauert und bewundert, das hat vermutlich eine Wechselwirkung. Er genießt es anscheinend schon, im Mittelpunkt zu stehen, worauf ich gerne verzichtet hätte.

Aber das ist noch nicht alles, was heute passiert. Nach dem Motto: Dieses war der erste Streich, doch der zweite folgt sogleich, geht es weiter.

Die Anmeldung ist frei und ich gebe meinen Ausweis und die Bestätigungskarte ab. Handschriftlich haben wir vermerkt, dass telefonisch vereinbart wurde, dass die Anreise einen Tag früher erfolgt. Ich hätte mich geirrt, die Anreise sei für den nächsten Tag vermerkt. Wir seien zu früh da. Ich erkläre noch mal, was telefonisch besprochen wurde. So langsam bekomme ich weiche Knie. Ja, sie bedauern, aber es sei für heute kein Zimmer frei. Es sei vermutlich vergessen worden, den Eintrag zu ändern. Sie glauben uns nicht so recht, merke ich. Erkläre es nochmals. Sogar, dass ich nochmals angerufen hatte und zur Antwort bekam, es sei vermerkt.

Ich denke nur noch: Hätte ich doch bloß auf einer schriftlichen Bestätigung bestanden. Aber es nützt alles nichts, wir haben kein Zimmer.

Wir sollen mal in der Stadt fragen, ob wir ein Zimmer für eine Nacht bekommen. Ich zeige auf den Kleinen, erkläre, was passiert ist und dass ich mit ihm nicht auf Zimmersuche gehen kann. Er sollte sich vielleicht auch hinlegen können nach diesem Vorfall. Ich frage nach einem Notbett, egal wo, aber auch das gibt es nicht.

Wir dürften das Gepäck dalassen und könnten doch versuchen, im Ort ein Zimmer zu bekommen. Es ist Haupt-Reisezeit und ich glaube, dass es keinen Sinn macht, wenn wir das machen. Aber wir machen uns auf den Weg. Kein Erfolg, wo wir auch fragen – doch halt, in einem Hotel sei ein Zimmer frei, die Kinder zu zweit in ein Bett, 150 Mark für eine Nacht. In einem Souvenirladen gibt es noch ein Angebot, 60 Mark, pro Person, die Kinder halb, also auch 150.-- zusammen. Aber kein Frühstück. Jetzt reicht es mir. Wir gehen wieder rauf in die JH, ich erkläre die Situation noch einmal und sage dann einfach: »Dann hocken wir uns auf den Flur und warten, bis wir am nächsten Tag ein Zimmer haben. Ich gehe hier nicht weg.« Ich kann das auch nicht wegen dem Kleinen. Er sieht doch recht mitgenommen aus und ich habe das Gefühl, dass es ihm nicht gut geht.

Ich werde kein Zimmer mehr suchen, wir haben uns hier angemeldet, wir können auch nicht im Grandhotel übernachten. Das gibt unser Budget nicht her.

Der Kleine bekommt rote Backen, ich ahne nichts Gutes. Das sieht nach Fieber aus. Ein krankes Kind und kein Obdach.

Aber meine Sorge ist unbegründet.

Nach einer Weile kommt jemand und sagt, es sei ein Zimmer freigemacht worden, wir könnten bleiben. Auch deswegen, weil die Sache mit den Wespen passiert ist. Bin ich froh, ein Felsbrocken wie die unten am Rheinufer ist mir bestimmt gerade vom Herzen gefallen. Nur den Plumps hat man nicht hören können, aber ganz bestimmt sehen.

Total erleichtert nehmen wir unsere Taschen und gehen hinauf in unser Zimmer. Es ist ganz oben.

Auf der Treppe kommt uns der JH-Vater entgegen, begrüßt uns ganz nett in schönstem Schwäbisch. Das tut gut und ich hoffe im Stillen auf ein Abendessen mit schwäbischen

Zutaten. Kartoffeln, immer nur Kartoffeln gibt's hier am Rhein. Reis, Nudeln, Klöße kennt hier anscheinend niemand.

Über dieses Thema haben wir zu Hause auch gesprochen. Obwohl das Essen kein Problem darstellt, vermissen wir doch die Abwechslung unseres heimischen Speisezettels. Bei diesem Thema haben wir vereinbart, ohne Murren zu essen, was auf den Tisch kommt, sofern es genießbar ist. Und das war es bisher immer.

Aber heute gibt's kein Abendessen, das haben wir durch die Zimmersuche verpasst. Getränke können wir holen. Das geht.

Zuerst werden die Taschen im Zimmer abgestellt, es ist klein, hat vier Betten, einen kleinen Tisch, einen Stuhl und ein Waschbecken. Zur Festung Rheinfels hin ein kleines Fenster, durch das man mit Mühe sogar einen Teil der Burg sehen kann. Wir beziehen die Betten und suchen dann in unseren Taschen, was wir noch an Proviant haben. Für die Kinder reicht es gerade so. Kekse sind auch noch da. So richtig satt ist keiner, aber verhungern werden wir deshalb nicht. Hauptsache, wir haben ein Zimmer zum Schlafen.

Ich setze den Kleinen auf den Tisch und sehe mir seine Beinchen noch mal an. Es sind viel mehr Stiche, die jetzt zu sehen sind, und ich bin sehr besorgt. Ich wasche ihn gründlich, kühle vor allem die Beine mit nassen Wickeln. Dann werden die Einstichstellen mit der Wespen-Arznei nochmals abgetupft und ich bringe ihn zu Bett.

Im Stillen danke ich unserem Arzt für die gute Beratung.

Oli fiebert ein bisschen und sagt immer wieder: »Wenn ich doch bloß nicht auf den Baumstumpf gehüpft wäre, dann wär es nicht passiert.« Er ist sehr beunruhigt, dass wir vielleicht nicht weiterfahren könnten. Das plagt ihn sehr und ich versuche ihn zu beruhigen. »Keine Angst, das kriegen wir wieder hin. Du musst jetzt nur ein bisschen warten und schlafen, dann wird es wieder gut. Und morgen früh gehen wir gleich nach dem Frühstück zu einem Doktor in St. Goar, der untersucht dich und weiß, was man da tun kann.«

Langsam wird er ruhiger und bald merken wir, dass er eingeschlafen ist. Die beiden anderen sind auch besorgt und ich versuche sie ein wenig zu beruhigen. Das war heute doch ein bisschen viel Aufregung, das spüren sie auch. Nachdem sie gewaschen sind und im Bett liegen, mache ich dem Kleinen noch einen kalten Wickel um die Beine. Nicht *zu* kalt, weiß ich. Auch das ist wichtig. Und jetzt bin ich dran. Man kriegt doch auf einer solchen Fahrt ziemlich viel Staub ab und heiß war es heute auch.

Gewaschen und ziemlich müde, lege ich mich auch aufs

Bett.

Ich kann nicht schlafen, zu groß ist die Angst, Oliver könnte in der Nacht etwas passieren. Ich wechsle immer wieder die Wickel, tupfe die Stichstellen ab, kühle sein Gesichtchen und hoffe auf den Morgen, damit wir zum Arzt gehen können.

Einmal, als er kurz aufwacht, hält er ganz fest meine Hand und fragt: »Bist du mir böse?«

Ich frage: »Warum denn?«

»Ja, weil ich so dumm war und da draufgehüpft bin und jetzt kommt ihr wegen mir vielleicht nicht nach Koblenz.«

»Nein, ich bin nicht böse, du konntest doch nicht wissen, dass da ein Wespennest ist.«

Ich streiche ihm über die Stirn und sage: »Du kannst ruhig schlafen. Ich verspreche dir, wir kommen nach Koblenz!« Und denke so bei mir: Und wenn wir mit dem Zug fahren!! Oli schläft wieder ein.

Durch das kleine Fenster schimmert es grünlich. Das ist Rheinfels, die Festungsruine wird nachts angestrahlt. Ziemlich unheimlich, wenn man nicht schlafen kann.

Auf dem Flur draußen ist viel Betrieb und ich höre immer wieder: »Psst, da ist der kleine Junge, den die Wespen gestochen haben.« Es ist eine Schulklasse und es ist richtig nett, wie sie sich bemühen, leise zu sein, damit unser Kleiner schlafen kann.

Es nützt zwar nicht viel, aber die gute Absicht zählt.

Der JH gegenüber, auf der anderen Rheinseite, liegt die Burg Katz. Sie wird nachts ebenfalls von Scheinwerfern angestrahlt.

»Katz« ist nur eine Abkürzung von »Katzenelnbogen«. Eigentlich heißt sie »Neu-Katzenelnbogen«. Errichtet wurde sie 1393 zum Schutz der Niedergrafschaft Katzenelnbogen. Erst 1804 wurde sie durch die Franzosen zerstört, 1896 – 98 aber wieder aufgebaut.

Besichtigen kann man sie nicht. Sie beherbergt ein Ferienheim.

Burg Rheinfels war eine der stärksten Burganlagen im Mittelrheingebiet. 1245 wurde sie von Graf Diether V. von Katzenelnbogen zum Schutz des St. Goarer Zolls erbaut. 1796/97 wurde die Festung von den französischen Revolutionstruppen gesprengt, nachdem sie sich 1692 erfolgreich als einzige linksrheinische Festung gegen die Truppen Ludwigs XIV. verteidigen konnte.

Wir werden sie uns noch ansehen. Das Ende unserer Reise ist noch nicht gekommen, das glaube ich ganz fest.

Morgen früh werden wir mit unserem Kleinen zum Arzt gehen und hoffen, dass alles gut wird,

Oliver schläft jetzt ruhiger und ich entferne die Wickel,

damit sich keine Hitze staut, decke ihn leicht mit dem Leintuch zu. Im Zimmer ist es warm genug. Es ist schon 2.00 Uhr nachts, aber ich bleibe noch bei ihm sitzen. Ich muss wohl auch eingenickt sein, schrecke aber irgendwann hoch, weil ich im Traum von einem Wespenschwarm verfolgt wurde. Kein Wunder, nach diesem Tag!

Irgendwann bin ich doch eingeschlafen. Im Zimmer wird es langsam hell, als ich wieder wach werde. Ich sehe sofort nach den Kindern, alle drei schlafen ganz friedlich in den Stockbetten neben und über mir. Für die beiden Großen war es gestern genug Aufregung, sie können den Schlaf gut brauchen. Der Kleine hat zwar noch etwas rote Bäckchen, aber nur noch leichte Temperatur. Trotzdem werden wir nach dem Frühstück zum Arzt gehen.

Als alle wach sind, besprechen wir das kurz. Wir gehen zum Frühstück. Es schmeckt herrlich, vor allem die frischen Brötchen.

Oli isst kaum etwas, dafür trinkt er zwei Tassen Tee.

Ab und zu fragt uns jemand, wie's dem Kleinen geht. Sogar drei Nonnen, die zum Frühstück kommen, erkundigen sich nach seinem Befinden. Je mehr Leute fragen, umso kecker werden seine Antworten. Ich befürchte fast, er wird hier noch zum Superstar. Sein Selbstbewusstsein ist schon deutlich gewachsen.

Die Festung Rheinfels über St. Goar

Wir räumen ab und bringen das Geschirr zur Küche. Ein junger Japaner sagt: »Nur hinstellen, ihr braucht nicht zu machen.« Der Satz ist zwar nicht perfekt, aber unheimlich nett.

Wir gehen dann zu Fuß nach St. Goar hinunter, suchen eine Poststelle, weil wir etwas Kleingeld brauchen, der Getränkeautomat nimmt keinen Schein, also holen wir Münzen.

Nach einer Arztpraxis haben wir in der JH gefragt und die Adresse notiert. Wir schildern im Vorzimmer unser Problem. Bin ich froh, dass wir Krankenscheine haben. Wir müssen nur kurz warten. Der Arzt untersucht Oliver und sagt dann, so grundsätzlich hätten wir uns richtig verhalten, besonders das Mittel gegen Insektenstiche habe dazu beigetragen, dass Oli sich relativ wohl fühlt. Und dann meint er so nebenbei, es sei gut, dass es keine Bienen waren. Ebenso gut sei, dass Kopf und Hals abgedeckt wurden, es wäre sonst gefährlich geworden. Er verschreibt dann noch ein Mittel gegen Allergie und meint, so zwei bis drei Tage Ruhe, das wäre gut.

Oliver meint: »Wir fahren aber übermorgen weiter.«

Ich wende ein, wir könnten auch den Zug nehmen, um nach Boppard zu kommen.

So viel Empörung im Gesicht meines Jüngsten habe ich

noch nie gesehen.

Dann kommt nur noch ein Satz: »Wir machen eine Radtour, keine Zugfahrt!«

Der Arzt ist erstaunt, sagt dann aber nur: »Sollte er wieder Fieber haben, bitte gleich vorbeikommen.« Natürlich würden wir das machen.

Ganz erleichtert verlassen wir die Arztpraxis. Wir bummeln am Rhein entlang, stöbern in den Andenkenläden, kaufen Postkarten und Briefmarken und natürlich eine große Portion Eis. Und da das Eis auch durstig macht, Sprudel und zwei Flaschen Kakao. Dazu noch ein belegtes Brötchen beim Metzger.

Wir setzen uns an der Rhein-Promenade auf eine Bank und überlegen, was wir noch machen könnten. Keine anstrengenden Ausflüge oder Aktionen, das geht heute nicht. Außerdem sind wir alle nicht so fit wie sonst. Wir entscheiden uns für Minigolf.

Minigolf spielen geht immer. Ich nehme nur drei Schläger, weil ich denke, dass das heute reicht. Der Kleine soll sich ja nicht anstrengen. Ich bezahle und da sagt der Große schon: »Wir brauchen heute keine vier Schläger, die Mama sagt, wir können zusammen spielen.« Der Mann im Häuschen blickt irritiert, ich erkläre ihm, warum. Er nickt, sagt aber: »Wenn vier Personen spielen, müssen Sie auch für vier Personen bezahlen.« Ich komme mir vor wie ein Zechpreller, erkläre es noch einmal. Aber irgendwie glaubt er es mir nicht so recht. Jetzt bin ich sauer, so eine kleine Petze. Das war nicht nett. Und die Schadenfreude im Gesicht stört mich noch mehr. Ich frage noch: »Warum hast du das gesagt?« Als Antwort kommt nur: »Eben so.«

Meine Reaktion ist dann: »Wir spielen nur zu dritt.« Und das tun wir dann auch. Ich glaube, jetzt tut es ihm leid, aber er zeigt es nicht. Es kommt auch keine Entschuldigung. Ich bin immer noch sauer.

Er geht spielen. Unten steht ein Drehkarussell. Wir gehen weiter, ganz missmutig trottet er hinter uns her. Erst als die beiden Brüder ein altes Boot im Park erblicken, in dem man Seeräuber spielen kann, macht er wieder mit. Die Segel setzen, wieder einholen, Kapitän oder Matrose sein, den Anker auswerfen und wieder hochziehen, jeder Pantomime hätte seine Freude an dem kleinen Schauspiel gehabt. Es ist ja nur ein Boot vorhanden, aber viel Fantasie. Das genügt Kindern, sie machen einfach mehr daraus.

Wir wandern wieder hinauf zur JH. Oliver soll ja seinen Mittagsschlaf halten, damit er wieder gesund wird. Und uns tut die Ruhe auch gut.

Nachmittags müssen wir noch mal zur Post, ein Paket aufgeben.

Wir haben unsere gebrauchte Wäsche verpackt, eine Gruß-karte für den Papa geschrieben, ein kleines Fläschchen Rheinwein mit eingepackt. Das schicken wir jetzt nach Hause.

So haben wir nur frische Wäsche im Koffer, wenn wir nachher zum Bahnhof gehen, dort frische Sachen holen, drei Filme nehme ich auch aus dem Koffer, dann wird er wieder verschlossen und weiter nach Koblenz geschickt, bahnlagernd darf er dort auf uns warten. Ich muss noch die Gebühr bezahlen für die Lagerung, das ist recht teuer, aber allemal besser, als das ganze Zeug auf dem Fahrrad zu transportieren.

Den Wetterbericht habe ich gehört und dass das Wetter sich etwas eintrüben soll. Also habe ich auch lange Hosen aus dem Koffer entnommen, es soll ja keiner frieren. Die Trainingsanzüge haben wir ja ohnehin in der Reisetasche.

Als ich aus dem Bahnhof komme, schauen mich alle drei so komisch an. Ich frage, ob etwas war, nein, nein, kommt eifrig die Antwort. Ich habe das dumpfe Gefühl, dass sie nicht nur brav gewartet haben.

Später erfahre ich so nebenbei, dass da gerade ein Ritter-kampf stattgefunden hat. Die Schwerter waren Holzste-cken, die da so rumlagen. Ich denke nur noch, keine ru-hige Minute ohne irgendwelchen Blödsinn. Nur mal brav dasitzen und warten geht wohl gar nicht. Sie fragen auch gleich, was wir jetzt machen.

»Gar nichts«, ist meine knappe Antwort. Wir müssen zuerst mal die Wäsche in die JH bringen. Schleppen darf ich allein, ich komme mir vor wie ein Packesel. Auf weitere Aktionen habe ich heute keine Lust mehr. Irgendwie merken sie das auch und verhalten sich friedlich. Es ist auch wieder sehr heiß heute, das macht müde.

Trotzdem wollen wir uns noch die Festung Rheinfels anschauen. Es ist nur ein kurzer Weg von der JH zur Festung hinauf. Volker hat heute keinen guten Tag, er nörgelt an allem herum. Als wir den halben Weg hinter uns haben, dreht er um, sagt kurz: »Ich geh zurück, Fernsehen gucken in der JH.« Ich sage nein, aber das interessiert ihn nicht, er geht einfach.

Was sollen wir machen. Wir sind fast oben und beschließen, uns die Festungsanlage wenigstens anzusehen. Eine Führung mitzumachen würde zu lange dauern. Wir sollten doch wieder in die JH zurück. Ich weiß zwar, die olympischen Spiele werden übertragen und Volker schaut sich das gerne an, auch die Sportschau sieht er immer. Er hätte doch fragen können, denke ich noch. Aber heute läuft's irgendwie nicht rund.

Die Festungsanlage ist riesig. Es geht durch große Torbogen, die Festung hat sehr starke Außenmauern, viele Räume, unterirdische Gänge, in denen die Soldaten hausten. Ohne Heizung, kein Wunder, dass sie nicht besonders alt wurden. Aber Rheinfels war in ihrer Blütezeit auch kultureller Mittelpunkt der Gegend. Sänger, Dichter und andere Künstler waren hier zu Gast. Reisende und fahrendes Volk wurden gastfreundlich aufgenommen.

Die Festung Rheinfels hat eine riesige Ausdehnung. Sie hielt auch fast allen Eroberungsversuchen stand. Man versuchte sie auszuhungern, sie von der Landseite her, wo sie am wenigsten geschützt war, anzugreifen und zu erobern. Die Verteidiger füllten dann z. B. die der Landseite nahen, unterirdischen Gänge mit Sprengstoff, und wenn feindliche Soldaten in den Gängen waren, wurde gesprengt. So erging es auch spanischen Söldnern im 30-jährigen Krieg, als sie versuchten, in die Burg zu gelangen.

Zu Anschauungszwecken liegen hier auch noch die 20/30-45 kg schweren Steinkugeln, die sowohl zum Angriff als auch zur Verteidigung benutzt wurden. Wen eine solche Kugel traf, für den war der Kampf vorbei. Manchmal half auch die Sonne mit, einen Ritter kampfunfähig zu machen. Zu viel Hitze setzte manchem so zu, dass es keinen Kampf mehr brauchte.

Vielen Kreuzrittern ging es auf dem Zug ins Heilige Land

so. Sie kamen nie an, die Rüstungen, oft 30 kg schwer, Hitze, Durst und Erschöpfung waren der Grund dafür, dass viele unterwegs starben.

Eigentlich würde ich mir gern das Museum ansehen, aber ein Blick auf meine Kinder zeigt mir, dass es für heute reicht. Wir machen uns auf den Rückweg. Wir sind alle so schmutzig, dass ich lachen muss, wenn ich uns Dreckspatzen ansehe. Da hilft nur noch eine Dusche.

Diese Festung da oben hat uns tief beeindruckt. So etwas zu bauen, zu dieser Zeit, darüber reden wir noch auf dem Weg hinunter zur JH.

Nur mit der ca. 5 km entfernten Burg Maus lebte man auf Kriegsfuß. Sie war den Besitzern der zwei großen Bollwerke Rheinfels und Burg Katz ein Dorn im Auge. Es gab wohl den Spruch: Die Katze wird das Mäuslein eines Tages doch fressen.

Doch die »Maus« hielt trotzig stand. Und als der Bergfried höher war als der von Burg Katz, war der Missmut besonders groß.

Aber sie hat sich gehalten, die kleine Burg Maus, damals offiziell mit dem Namen »Peterseck«. Der Trierer Erzbischof Kuno von Falkenstein hat den Burgbau vollendet, er starb hier 1388.

Volker ist im Aufenthaltsraum, die Übertragung der Olympischen Spiele läuft noch. Wir sagen ihm, dass wir wieder da sind und dass wir duschen gehen. Er möchte sich die Übertragung vollends ansehen. »Ist in Ordnung, wenn wir fertig sind, kommen wir hierher.« Er nickt, ich denke: O. k., kein Drama!

Nach der Dusche und mit frischer Wäsche fühlen wir uns wieder wohler. Um 18.00 Uhr gibt's Abendessen. Volker ist auch wieder bei uns. Wir warten gespannt, was es heute zum Essen gibt.

Die Überraschung ist perfekt. Keine Spur von Schwäbisch!! Es gibt Rheinischen Heringstopf mit Zwiebeln und Äpfeln in einer Sauerrahm-Soße mit Salzkartoffeln und einem schönen grünen Salat. Sieht zwar gut aus, trotzdem schauen wir wohl etwas bedeppert drein.

Markus fragt: »Sollen wir das essen?« Ich sage nur: »Wir haben etwas vereinbart!«, und schaue sie nur an. Ergeben nicken sie, als ich meine: »Wenn's nicht schmeckt, esst ihr eben wenig.« Da sagt Oliver: »Aber ich habe Hunger!«

Wir lachen und fangen an zu essen. Es schmeckt toll und sie holen sogar eine zweite Portion, so dass der Nachtisch fast zu viel des Guten ist.

Im Speisesaal sind auch die Nonnen, die wir heute Morgen schon gesehen haben. Die Schüler und Lehrer der Schulklasse, die wir heute Nacht gehört haben, sind auch da.

Burg Katz über St. Goarshausen

Manche kommen und fragen, wie es Oliver denn geht. Fast scheint es mir, er sei durch so viel Aufmerksamkeit um zwei bis drei Zentimeter gewachsen. Es geht ihm so weit auch ganz gut, nur ein bisschen müde ist er. Mal sehn, wie die heutige Nacht wird.

Wir überlegen, ob wir noch etwas machen sollen, doch keiner mag so recht. Also bleiben wir in der Jugendherberge. In den Hof werden wir nicht gehen, sagen wir gleich, der Wespenangriff von gestern reicht uns.

Trotzdem werden wir aufmerksam, denn unten im Hof der JH geht es jetzt recht lebhaft zu. Die Schulklasse ist gerade dabei, Holz und Äste zusammenzutragen, wie wir durch ein Fenster im Flur oben sehen können. Der Holzstapel wird immer größer, es sieht so aus, als wollten sie die Wespen in dem Baumstumpf ausräuchern. Die Kinder schauen auch aus dem Fenster, ich drehe mich einen Moment um, da holt Volker eine Kiste und rückt sie an die Wand. Er steigt hinauf, aus dem Augenwinkel sehe ich die Bewegung und kann ihn gerade noch am Hemdkragen packen, als er sich aus dem Fenster beugen will. Ich ziehe ihn zurück, wir sind im vierten Stockwerk.

Meine Knie schlottern und ich rutsche an der Wand herunter, immer noch den Hemdkragen meines Sohnes in der Hand haltend.

Ich muss mich beherrschen, um nicht loszuschreien. Es ist nicht Zorn, es ist pure Angst, was da hätte passieren können. Was für ein Tag, denke ich nur noch. Dann kommt das obligate Gespräch, wir sind im obersten Stockwerk, ist euch das klar usw. Raussehen, die Arme aufstützen, runtergucken, alles o. k., aber bitte nicht über das Fensterbrett hinausbeugen, es ist zu gefährlich.

Irgendwie ist heute nicht sein Tag. Vielleicht hatten wir gestern zu viel Aufregung. Oder das Wetter ändert sich wieder. Er spürt das immer.

Sie wollen sehen, was da unten vor sich geht, und damit keiner mehr auf die Idee kommt, sich aus dem Fenster zu lehnen, gehen wir hinunter. Wir bleiben allerdings in respektvollem Abstand zu dem Baumstumpf. Ein Junge kommt her und erklärt Oliver, dass sie das Wespennest ausgeräuchert haben. Jetzt würden ihn keine Wespen mehr stechen. Oliver sagt ganz entsetzt: »Verbrennt ihr sie alle?« Es tut ihm leid, man sieht es ihm an. Wir erklären ihm, dass er doch bestimmt auch nicht möchte, dass noch jemand gestochen wird und vielleicht sogar stirbt. Er nickt ganz tapfer. Keine Spur von Rache in seinem Gesicht, als der Holzstapel angezündet wird. Er kommt nur her und schiebt seine kleine Hand in meine.

Wir setzen uns auf die Mauer, weit genug weg vom Feuer,

falls doch noch Wespen da sind. Wir unterhalten uns und Oliver meint: »Eigentlich bin ich doch schuld, weil ich auf den Baumstumpf gehüpft bin, eigentlich können die Wespen nichts dafür!« Es gibt eine Meinung für diesen Satz und eine dagegen. So wie es oft ist, je nachdem, wie man eine Sache betrachtet. Seltsam finden wir, dass die Wespen keinen von uns anderen gestochen haben, sondern nur ihn. Ein Lehrer erklärt uns, dass das Nest auch aus Sicherheitsgründen entfernt werden musste. Vermutlich hat man vorher gar nicht bemerkt, dass sich da Wespen eingenistet hatten.

Es wird langsam dunkel. Viele sitzen jetzt um das Feuer. Eine Gitarre wird gestimmt. Ein Mädchen kommt zu uns herüber und sagt: »Setzt euch doch zu uns, wir singen nachher.« Wir suchen einen Sitzplatz, das Feuer knistert und knackt und die Flammen lodern hoch in den Nachthimmel empor.

Schöne alte Volks- und Wanderlieder werden gesungen. Die meisten kennen wir, auch alle Verse, nicht nur den ersten, wie es so oft ist, wenn gesungen wird.

Es tut gut, so zu sitzen, ein bisschen in den Nachthimmel zu schauen, hinauf zur Festung, hinüber zur Katz, die grünlich leuchten. Ein leichtes Gruseln spüre ich, wenn ich zur Festung hinaufschaue. Da möchte ich nachts nicht sein, es wirkt alles ein wenig gespenstisch. Man mag darüber lachen, aber für mich ist die Burg unheimlich in diesem Licht.

Das Feuer ist schon etwas heruntergebrannt, die Lieder »Der Mond ist aufgegangen« und »Ade nun zur guten Nacht« beenden diesen Tag.

Eine Feuerwache bleibt noch unten im Hof. Es ist wieder kühl geworden und wir gehen in unser Zimmer. Der Tag war lang und ich glaube, wir werden heute Nacht gut schlafen.

Oliver wird noch mal eingerieben mit der Lotion und muss dann noch seine Arznei schlucken, die ihm der Arzt hier verordnet hat.

Wenig später ist er schon im Bett, die zwei anderen auch, und ich selbst gähne auch schon. Es dauert nicht lange und wir liegen in tiefem Schlaf.

Am nächsten Morgen, putzmunter und ausgeschlafen, überlegen wir schon wieder, was wir mit dem heutigen Tag anfangen wollen.

Allen geht es gut heute. Es sieht so aus, als würden wir heute schönes Wetter haben. Da könnten wir doch einen Ausflug nach Wellmich zur Burg Maus machen. Es ist nicht weit, wir könnten die Fahrräder nehmen und testen, ob Oliver fahren kann. Es sind nur wenige Kilometer.

Doch zuerst gehen wir mal gemütlich frühstücken. Heute Morgen haben alle Appetit und wir haben natürlich auch wieder einen Fensterplatz ergattert. Es ist schön, auf den Rhein hinunterzublicken. Das gehört inzwischen einfach dazu.

Dann: abgeräumt, gespült, abgetrocknet, Betten gemacht, die Taschen überprüft, alles erledigt. Wir können starten. Also machen wir uns auf den Weg zur Burg Maus.

Mit der Fähre setzen wir über nach St. Goarshausen, auf die andere Seite des Rheins. Von dort fahren wir etwa 5 km bis Wellmich. Oberhalb dieser Ortschaft liegt die Burg Maus. Wir wissen nicht, ob wir mit den Rädern raufkommen, das werden wir sehen, wenn wir dort sind.

Der Fußweg zur Burg ist steil und für Fahrräder völlig ungeeignet.

Wir lassen die Fahrräder unten im Ort, schließen sie ab und sichern sie noch mit einer dicken Kette, die wir immer dabei haben. Der Standplatz ist bei einem öffentlichen Gebäude, so dass wir hoffen können, dass sie noch da sind, wenn wir wieder runterkommen. Ich bin immer ein bisschen in Sorge, ob die Räder noch in Ordnung sind, wenn wir zurück sind von einer Besichtigung.

Die ganze Reise hängt ja daran.

Wir machen uns auf den Weg, der zwar steil, aber schattig

und kühl durch Bäume und Buschwerk ist. Nach einiger Zeit lichtet sich der Baumbestand und wir sehen durch die Zweige schon die Mauern der Burg Maus aufragen. Ihr Turm reckt sich stolz in den Himmel empor, und das »Mäuslein« kommt mir gar nicht so klein vor. Im Gegenteil, es ist eine Burganlage, die recht wehrhaft erscheint. Ich persönlich habe sowieso einen Heidenrespekt vor diesen Bauwerken. Wenn ich daran denke, wie viele Leute für den Bau solcher Burgen gebraucht wurden, kein Bauer oder Tagelöhner durfte die Arbeit verweigern, wenn er gebraucht wurde für den Bau dieser Burganlagen. Egal, ob das Korn auf dem Feld stand oder man die Heuernte einbringen musste, wenn es um die Interessen der Landesfürsten oder Burggrafen ging, gab es kein Argument dagegen.

Wir sind oben am Wappentor der Burg Maus angelangt. Ein großer schwarzer Adler ist hier aufgemalt. Und dicht daneben hängt ein großer gelber Briefkasten für die Post. Alt und Neu, dicht beieinander, das passt nicht so recht zusammen. Wir gehen den Weg weiter hinauf bis zum eigentlichen Eingang der Burg.

Wir fragen, ob es eine Führung gibt. Ja, heißt es, die Burg kann besichtigt werden, aber nur mit einer Führung, sonst darf man nicht hinein. Auf dem Vorplatz der Burg steht eine »Erinnerungskanone«, so heißt das, aus dem 70/71er

Krieg. Reichweite 3 km, eingraviert: *Die letzte Regel ist der Krieg.*

Wie martialisch, da kann man anderer Meinung sein.

Im Gasthaussaal in der Burg: Fahne, Schild, verschiedene Waffen, eine Armbrust. Die Reichweite einer Armbrust ist erstaunlich und die Durchschlagskraft enorm.

Der Saal ist an den Säulen und der Decke mit Sprüchen versehen wie: *Es leben die guten Freunde, der Teufel hole die Feinde.*

Hellebarden, Lanzen und dergleichen werden von meinen Kindern natürlich ehrfürchtig bewundert. Sie fragen der jungen Dame, die die Führung macht, natürlich schon wieder Löcher in den Bauch, wie man so nett sagt. Aber ihr gefällt das. Sie beantwortet jede Frage, die sie stellen.

In den oberen Räumen kann man sehr schönes Geschirr, Kaminöfen, gusseiserne Ofenplatten, geschnitzte Möbel und vieles andere sehen. Besonders schön ist eine geschnitzte Essgruppe mit roten Polstern, eine 450 Jahre alte Anrichte mit flämischem Schnitzwerk und vielem mehr. Wir sind tatsächlich überwältigt von dem, was wir da sehen. Meine Buben noch mehr, als die Funktion der Armbrust erklärt wird und dass man damit auf 3 km Entfernung einen Ritter vom Pferd holen konnte. Was, wie ich finde, nett ausgedrückt ist.

Der Turm der Maus ist etwas baufällig und aus Sicherheitsgründen nicht zu besichtigen. Wir gehen hinunter und dürfen noch außen um die Burg herumgehen, deren Außenmauern oft zwei Meter stark sind, das ist enorm. Wir bewundern noch das Hexengärtchen. Neben allerlei guten Küchenkräutern wuchsen hier auch Pflänzchen, deren Verwendung nicht so gesund war.

Viele Burgen haben auch Folterkammern, ausgerüstet mit den Marterwerkzeugen der damaligen Zeit. Streckbett und Beinschrauben, Eisenmasken, die glühend gemacht wurden, Halskrausen aus Eisen und ähnlich abscheuliche Dinge werden erklärt. Da kann es einem kalt den Rücken hinunterlaufen.

Wir bewundern eine alte Kanone und Markus sagt gerade: »Ist die toll, aua, aua …« Eine Wespe hat ihn gestochen und ich muss gleich mal wieder Schwester spielen. Das Wespenmittel habe ich dabei und tupfe es gleich auf den Stich, damit die Stelle nicht so anschwillt. Diesen Sommer mögen uns die Wespen anscheinend besonders gern. Es wird nicht der letzte Stich bleiben.

Die Führung ist zu Ende und als wir wieder draußen im Licht des hellen Tages sind, bin ich froh, heute zu leben und nicht in dieser Zeit, die uns da gerade vorgeführt wurde.

Burg Maus bei Wellmich

Bevor wir die Burg verlassen, gibt's noch eine kalte Milch in dem kleinen Burg-Restaurant. Wir kommen mit einem jungen Mann ins Gespräch, der hier auf der Burg als Restaurator arbeitet. Er ist gerade dabei, alte Gartenmöbel abzubeizen. Wir fragen ihn ein bisschen aus und er gibt uns gerne Auskunft. So erfahren wir noch etwas mehr über die Burg Maus. Auch, dass die Möbel, die man in den Burgen oft bewundert, keine Originale aus der damaligen Zeit sind, sondern Nachbildungen, die zum Stil der damaligen Zeit passen. Wenn man solche Dinge nicht weiß, macht man sich kaum Gedanken darüber.

Kriege, Zerstörungswut der Eroberer oder einfach nur der Zahn der Zeit haben so manches Einrichtungsstück vernichtet, nur die Burgen oder Festungen selbst haben den Wandel der Zeiten relativ gut überstanden. Allerdings ist es auch den verschiedenen Burgenvereinen zu verdanken, die sich für die Erhaltung der Burgen einsetzen. Sonst wäre vielleicht manches Bauwerk nicht mehr da.

Wir verabschieden uns und machen uns auf den Weg hinunter in den Ort. Die Fahrräder sind noch da, unversehrt, wir sind sehr froh darüber.

Oli geht es gut, der Ausflug hat ihn bisher nicht zu sehr angestrengt und Markus ist trotz des Wespenstichs auch guter Laune. Volker geht's heute auch gut. Also alles in Ordnung.

Wir fahren zurück nach St. Goarshausen, kaufen dort ein paar Brötchen und Getränke. Auf einer Bank am Rheinufer machen wir Pause und ruhen uns ein bisschen aus. Wir wollen es heute nicht übertreiben. Am Rhein ist immer viel Betrieb und so wird es nie langweilig.

Die Biegung des Stroms um den Loreley-Felsen herum war einmal eine der gefährlichsten Stellen des Rheins. Das Lied von der Loreley beschreibt dies recht gut. Felsenriffe unter den Wassern des Rheins machten das Befahren des Stroms an dieser Stelle zu einer Gefahr für Schiffer und Schiffe.

Heute ist die Fahrrinne in einer genau bezeichneten Breite ausgebaggert, gekennzeichnet durch die Bojen, und so weiß der Schiffsführer, wo er fahren kann. Gefährlich ist es trotzdem noch bei Nacht und Nebel. Vielleicht lese ich ihnen heute Abend die Sage von der Loreley vor. Mal sehn, ob sie es hören wollen.

Wir sind rechtzeitig zum Abendessen zurück, das wieder gut und reichlich ist, natürlich nicht schwäbisch, keine Nudeln, aber es schmeckt uns.

Da wir ziemlich müde sind, gehen wir bald aufs Zimmer. Wir diskutieren noch, ob wir nicht doch einen Abendspaziergang durch St. Goar machen sollen, da aber keiner so recht begeistert ist, muss es auch nicht sein.

Wir unterhalten uns noch über den heutigen Tag, es hat allen gut gefallen, die zwei Wespen-Patienten werden noch mal versorgt. Ganz leise, damit wir niemand stören, singen wir noch zwei Lieder und da mich die Jungs darum bitten, hole ich das Büchlein mit den Sagen des Rheins.

Es wird mucksmäuschenstill und ich beginne ihnen die Sage von Lohengrin vorzulesen. Obwohl sie alle noch klein sind, Volker würde jetzt beim Wort »klein« wohl den Kopf schütteln, verstehen sie doch schon gut die Geschichten, auch die Zusammenhänge und hier speziell den »erhobenen« Zeigefinger, der mahnt: Seht, so geht es, wenn man ein Geheimnis nicht bewahren kann. Ab 22.00 Uhr ist es ruhig geworden im Haus und bald schlafen wir.

Ganz früh am nächsten Morgen werde ich wach, angle meinen Reisewecker und stelle ihn ab, damit die Kinder noch ein bisschen schlafen können. Es ist gerade erst 5.00 Uhr. Heute wollen wir weiter nach Boppard.

Leise, um niemand zu wecken, stehe ich auf, ziehe mich an und packe so nach und nach die Sachen ein, die wir heute Morgen nicht mehr brauchen. Als ich gerade fertig bin, höre ich ein dünnes Stimmchen: »Guten Morgen, bist du schon auf?«

Keine Frage, das bin ich natürlich. Ich antworte: »Ja, und

ich habe auch schon gepackt. Wir fahren doch heute weiter.«

Kaum ausgesprochen, sind alle drei munter. Anscheinend hat sie das Reisefieber wieder gepackt.

»Na, Oli, komm her und lass dich anschaun«, sage ich.

»Ich kann fahren!«, kommt es in einem ganz bestimmten Ton zurück.

Trotzdem sehe ich mir seine Beine an. Es sieht gut aus, keine Rötung oder Schwellung. Noch mal die Temperatur fühlen, auch die fühlt sich normal an. Auch bei Markus gibt es kein Problem.

Noch mal unser Wespenmittel draufgetupft, einen kleinen Klaps auf den Po und als ich lache, sieht er, dass die Sache geritzt ist. Wir fahren!! Das steht fest.

Ein letztes Mal zum Frühstück runter. Der Speisesaal ist wirklich schön mit den großen Fenstern und dem Ausblick auf den Rhein.

Heute Morgen allerdings scheint keine Sonne. Trotzdem haben wir gute Laune, wir freuen uns auf die Weiterfahrt. Nach dem üblichen Ritual, Bettwäsche abziehen, Papierkorb leeren, kehren muss man hier nicht, gehen wir zur Anmeldung hinunter, wir bezahlen, bekommen wieder unseren Stempel in den Ausweis.

Wir holen unser Gepäck. Wieder die übliche Fahrrad-Kontrolle. Wir laden das Gepäck auf, ein paar Leute grüßen und winken uns zu. Dann geht es einem neuen Ziel entgegen.

Es ist immer schön, abwärts zu fahren. Doch heute Morgen streicht uns ein kühler Wind um die Beine. Kurz nach St. Goar halten wir an, holen die Trainingsanzüge aus dem Gepäck, die ich schon vorausdenkend ganz nach oben gelegt hatte, ich selbst ziehe Socken an, damit die Füße warm bleiben. So ausgerüstet geht es weiter.

Heute Morgen singen wir nicht, wir lassen den Mund lieber zu.

Ein kühler Wind pfeift uns um die Ohren. Wir haben nur den Wunsch, möglichst bald in Boppard zu sein. Deshalb fahren wir auch recht zügig durch. Ein paar Kilometer vor Boppard fängt es an zu tröpfeln, wir ziehen die Regenjacken an, der Fufu und der Kater, die noch aus dem Rucksack lugen, müssen ins Innere zurück. Sie sollen ja nicht nass werden.

Meine Güte, gibt das ein Geschrei. Die müssen rausgucken, heißt es, ergeben ziehe ich sie ein wenig raus, binde die Lasche oben drüber und hoffe im Stillen, dass sie trocken bleiben.

Der Frieden ist gerettet und eine Familie, die den Aufruhr mit angehört hat, schaut uns grinsend zu. Als wir wieder anfahren, heben sie die Hand und rufen uns zu: »Gute Reise!« Das ist nett und jetzt freue ich mich wieder. Es sind oft die kleinen Dinge, die das Salz in der Suppe unseres Lebens sind.

Weil die Stimmung trotz des miesen Wetters so gut ist, komme ich auf die Idee, den Buben anzubieten, wenn sie die Strecke ordentlich fahren – bei nassen Straßen müssen sie mehr aufpassen –, spendiere ich ihnen in Boppard ein Göckeles-Essen. Im Prospekt von Boppard habe ich gesehen, dass es dort einen Hähnchen-Grill namens »Kochlöffel« gibt. »Juhu« und »Hurra« ist die Antwort.

Das Wetter verschlechtert sich immer mehr. Noch ein paar Straßen rauf und wir sind an der Jugendherberge. Es ist kein so großes Haus wie in St. Goar, eher eine kleine Herberge. Sie sieht hübsch aus, ein schöner Garten ist dabei. Wir schaffen es gerade noch, die Räder unterzustellen, das Gepäck abzuladen und ins Haus zu kommen, schon fängt es an zu regnen.

Wir haben Glück, dass wir uns gleich anmelden dürfen, eigentlich wäre der Anmeldeschalter schon zu, aber für uns machen sie noch mal auf. Es ist Mittag, in anderen JHs kann man sich meist erst um 17.00 Uhr anmelden. Wir freuen uns, dass es hier anders ist.

So können wir nachher gleich auf unser Zimmer. Die Herbergseltern sind sehr freundlich und wir können die Anmeldung gleich erledigen.

Die Kinder hören, dass der Herbergsvater gerade mit einem Hund schimpft, der eben ins Haus gekommen ist, und rennen los.

Warum, wieso, es nützt nichts, der Herbergsvater muss Rede und Antwort stehen, warum der Hund geschimpft wurde. Als sie hören, dass er halt besonders gern bei Regenwetter in den Garten geht und wühlt und dann schmutzig ins Haus kommt, was er nicht soll und nicht darf, und dann noch erfahren, dass er noch ganz jung ist und »Quax« heißt, gehört ihre ganze Sympathie dem Hund. Trotz der guten Erklärung nicht dem Herbergsvater, der die Sache natürlich anders sieht. Alle meinen übereinstimmend, dass der Hund das vielleicht noch gar nicht richtig weiß und deshalb nicht geschimpft werden kann.

Als ich so die Gesichter der Kinder und das des Hundes ansehe, kommt es mir vor, als wären sie alle in einem stillen Einverständnis miteinander. Vielleicht hat der eine oder andere dem Quax auch zugeblinzelt, aber das bilde ich mir bestimmt nur ein.

Auf jeden Fall sind sie gleich dicke Freunde, und als draußen ein Wolkenbruch niedergeht, hocken alle mit dem Hund in der Diele, als gehörten sie zusammen.

Jedoch, der Herbergsvater kommt, zeigt uns das Zimmer und Quax muss wieder an seinen Platz. Draußen prasselt der Regen herunter. Es ist eine Wonne, in einem trockenen Zimmer zu sein, und schrecklich, sich vorzustellen, wir würden noch fahren.

Unsere Fahrräder sind auch im Trockenen, in einem Anbau am Haus. Wir sind sehr froh darüber. Wir haben ja noch eine Station vor uns, da muss alles funktionieren.

Wir legen uns eine Weile hin und schlafen auch prompt ein.

Der Regen trommelt aufs Dach, sonst ist es in der ganzen JH ruhig, als wäre niemand da. Erst um 15.30 Uhr werden wir wieder munter und sind erstaunt, wie gut wir geschlafen haben. Der Platzregen ist in einen leichten Regen übergegangen.

Inzwischen haben wir Hunger bekommen und weil wir kein Abendessen bestellt haben, sondern die versprochenen Hähnchen verspeisen wollen, hält uns auch der Regen nicht davon ab, nach Boppard hinunterzugehen. Mit Regenjacken und Schirm ziehen wir los. Kaum biegen wir um die Hausecke, steht Quax da. Vielleicht ist er schon wieder ausgerissen. Freudig begrüßt er uns und begleitet uns bis ans Ende des Grundstücks. Dort bleibt er stehen und wedelt mit dem Schwanz. Er sieht wirklich aus, als wollte er

136

sagen: Ich will gern mit, aber ich darf nicht. Lieber Quax, wir hätten dich gerne mitgenommen.

In der Stadt entdecken wir dann das »Kochlöffel«-Restaurant. Wir suchen einen Tisch und bestellen. Die halben Hähnchen sind echt groß, superknusprig und gut gewürzt. Wir sind zufrieden.

Oli schaut das Hähnchen an, dann mich, ich muss lachen und wünsche guten Appetit. Volker und Markus essen schon, sie haben Hunger. Dann hört man eine ganze Weile nichts mehr. Markus ist der Erste, der pustet. Er kann nicht mehr. Es ist nicht mehr viel übrig und so sage ich: »O. k., esst, was ihr könnt«, und bin dann selbst mit meinem Hähnchen fertig, als alle drei meinen, es geht nichts mehr.

Satt und zufrieden verlassen wir den »Kochlöffel« und wandern noch ein bisschen durch die Stadt.

Boppard hat eine lange und besonders schöne Uferpromenade. Besonders die weißen Häuser an der Promenade haben es uns angetan. Sie wirken so, als gehörten sie gar nicht hierher, sondern irgendwo in den Süden nach Italien. Wir setzen uns auf eine Bank an der Promenade und sehen dem bunten Leben hier zu. Der Regen hat inzwischen aufgehört.

Als eine Gruppe schwarz gekleideter Nonnen vorbeikommt, bestürmen mich die Kinder mit Fragen. Weshalb Schwarz, warum tragen sie so ein großes Kreuz, warum haben sie so eine Kordel mit dem Rosenkranz um die Taille? Ja, wenn ich das alles so genau wüsste, wäre es leichter, eine Antwort zu geben.

Als ich sage: »Ich weiß leider auch nicht alles«, streift mich ein empörter Blick. Ja, ist leider so, denke ich.

Aber sie sind schon abgelenkt, vor allem ein großes Karussell mit Fliegern hat es ihnen angetan. Damit wollen sie unbedingt einmal fahren. »Einmal« bedeutet aber nicht *eine* Fahrt, sondern mindestens zwei. Dabei bleibt es. Voller Bauch und Karussell, da sollte man nicht übertreiben. So machen wir uns wieder auf den Weg hinauf zur JH. Quax ist noch im Flur und begrüßt uns freudig.

Natürlich schlafen wir nach so einem langen Tag dann wieder wunderbar. Vielleicht hilft auch die Sage von den »feindlichen Brüdern«, deren Burgruinen Liebenstein und Sterrenberg, auf der anderen Seite des Rheins gegenüber Boppard liegen.

Am nächsten Morgen schauen wir aus dem Fenster. Oh Schreck, es regnet. Regnen ist nicht der richtige Ausdruck, es gießt! Die dicken Regentropfen tanzen lustig auf der Straße, wir finden das nicht toll.

Das Frühstück schmeckt trotzdem, sehr gut sogar. Quax ist auch da. Er hat schon im Garten gebuddelt und Schelte bekommen, weil er so schön schmutzig war. Sobald die Haustür offen ist, entwischt er immer wieder, sein Herrchen mag das gar nicht. Aber sonst ist sein Hundeleben gar nicht so übel, man sieht, dass es ihm gut geht.

Das Wetter schreckt uns nicht. Schirm und Regenmäntel, dann ziehen wir los. Wir schauen die Severuskirche an. Es ist eine rheinische Emporenbasilika, Türme um 1150, Hauptschiff 1225, innen ein Tonnengewölbe, das durch aufgelegte Rippen (Spinnen) einen gotischen Spitzbogen bildet. Wunderschön. Auch außen beeindruckt sie uns, eine weiße Kirche, versetzt mit Mustern aus dunklen Basaltsteinen. An der vorderen Längsseite zieht eine Figurengruppe aus Stein unsere Blicke auf sich. Kirchenpatron war ursprünglich St. Petrus, seit 1225 St. Severus, Bischof von Ravenna.

Wir gehen langsam weiter, bummeln durch die Stadt. Ich suche ein Geschäft, das den »Bopparder Hamm« führt. Es soll ein besonders guter Wein sein, der hier angebaut wird. Dummerweise beschließe ich, diesen Wein erst in Koblenz zu kaufen, damit er nicht durchgerüttelt wird auf der letzten Strecke. Er soll in den Koffer, den wir von Koblenz aus zurückschicken. Zu diesem Zeitpunkt weiß ich nicht, dass

*"Die feindlichen Brüder" – Burgruine Liebenstein
und Sterrenberg*

er nur hier in Boppard verkauft wird. Ja, man lernt nie aus. Der Wein war für unseren Opa gedacht, er hätte sich bestimmt darüber gefreut.

Ein bisschen stöbern wir noch im Kaufhaus herum. Ich sehe eine kleine Tischdecke mit grünem Muster, die mir sehr gut gefällt. Ich kaufe sie aber nicht, muss nicht sein, ist mein Gedanke.

Als wir aus dem Kaufhaus herauskommen, hält Markus ein Päckchen in der Hand. Er gibt es mir und sagt: »Für dich, damit du immer eine Erinnerung an diese Fahrt hast. Keine andere Mutti hätte eine solche Fahrt mit ihren Kindern gemacht, da bin ich ganz sicher.«

Ich kann nur noch »Danke« sagen, so ein dicker Kloß sitzt mir im Hals.

Inzwischen sind wir auch äußerlich etwas angefeuchtet, es regnet immer noch. Wir gehen zur JH zurück und halten Mittagsschlaf. Tut gut, dick eingemummt in unsere Bettdecken genießen wir die Wärme.

Um 18.00 Uhr gibt es Abendessen, es schmeckt sehr gut. Wir bleiben noch ein bisschen sitzen und unterhalten uns mit anderen JH-Gästen. Alle hoffen, dass es am anderen Tag wieder besseres Wetter gibt, es kann ja nicht ewig regnen! Ich sage im Brustton der Überzeugung: »Wenn wir morgen fahren, wird es schönes Wetter!« Alle lachen und hoffen wahrscheinlich, dass es stimmt.

Dann heißt es wieder: Packen, morgen fahren wir weiter. Der Blick aus dem Fenster am anderen Morgen zeigt uns: Pech gehabt. Es regnet weiter. Wir haben Plastiksäcke dabei, in die wir unsere Taschen einpacken. So wird unsere Kleidung nicht nass, wir wollen ja nicht krank werden. Hoffen wir zumindest.

Aber im Regen fahren ist unangenehm und anstrengend. Vor allem für die Kinder, die noch mehr achtgeben müssen als sonst.

Nach einem guten Frühstück geht es los – im Nieselregen – Richtung Koblenz. Quax begleitet uns noch bis zur Haustür, hinaus darf er heute Morgen nicht. Man sieht ihm an, dass ihm das nicht gefällt.

Trotz Protest sind der Kater und Fufu im Inneren der Tasche, zwar obenauf, aber die Tasche ist zu. Das kostete Überredungskünste.

Vom Argument »Sonst fault der Bauch zusammen wie bei einem Apfel« bis zu dem Satz, dass die dann feuchten Gesellen außerhalb des Bettes schlafen müssten, habe ich alles versucht. Nur mit mäßigem Erfolg, wie ich an den vorwurfsvollen Gesichtern sehen kann. Nächstens schneidere ich dem Kater und dem Fufu auch noch einen Regenmantel, soweit kommt's noch!

Bald darauf sind wir voll damit beschäftigt, uns auf den Verkehr zu konzentrieren, da Radfahren bei Regen viel mehr Aufmerksamkeit erfordert. Wir ziehen mal wieder kleine Wasserfontänen hinter uns her und ich höre schon, wie sie sich darauf einstellen. »Abstand halten!« wird von einem zum anderen weitergegeben. Sie machen das recht gut, ich bin zufrieden.

Wir fahren langsam, damit es nicht zu sehr spritzt, und wechseln dann bei Boppard hinüber auf die andere Rheinseite, weil wir bei Braubach noch die Marksburg besichtigen wollen, die hier am Mittelrhein die einzige unzerstörte Burg ist. Es gibt dort eine große Sammlung von Rüstungen und mittelalterlichen Waffen, die wir unbedingt sehen wollen.

Vor Kurzem muss der Rhein hier über die Ufer getreten sein, man sieht noch überall die Spuren einer Überschwemmung.

In Braubach angekommen, fällt uns das auch sofort auf. So wie es hier aussieht, waren bestimmt die Keller und Erdgeschosse der Häuser überflutet. Wir machen auf einer Bank am Rheinufer eine kurze Pause. Hinter uns steht eine Hütte, durch deren Dach ein Baum wächst. Sieht kurios aus.

Dann geht es langsam weiter den Ort hinauf. Ich überlege mir, ob wir nicht irgendwo fragen könnten, ob wir die

Fahrräder unterstellen dürfen. Der Weg zur Marksburg hinauf ist steil, das wird schwierig mit Fahrrad und Gepäck. Wir sehen ein Haus mit großem Garten, in dem eine Gartenhütte steht, die ein ausladendes Vordach hat. Wenn wir unsere Fahrräder dort abstellen dürften, könnten wir die Marksburg besichtigen.

Wir klingeln, eine Frau schaut aus dem Fenster und ist sehr überrascht, als wir erklären, was wir wollen. Doch dann nickt sie und kommt an die Tür. Sie ist damit einverstanden, dass wir die Räder an der Hütte abstellen. Wir schließen sie natürlich ab, durch die Henkel des Gepäcks wird das Fahrradschloss gezogen, es ist lang genug, wir verwenden es ja sonst zum Zusammenschließen der Fahrräder. Wir können nur hoffen, dass noch alles da ist, wenn wir wiederkommen. Die Frau sagt, sie passt ein bisschen darauf auf und wenn wir zurück sind, sollen wir doch bei ihr klingeln. Da sagen wir natürlich gleich ja und bedanken uns auch schon mal.

Das ist wirklich sehr nett.

Wir machen uns auf den Weg. Es regnet immer noch leicht. Der Aufstieg zur Burg ist anstrengend, mit Fahrrädern wäre es unmöglich gewesen.

Wir haben Glück. Die Führung durch die Burg beginnt gleich, wir mittendrin, nein, stimmt eigentlich nicht, wir stehen immer ganz vorne, um ja alles mitzukriegen, was erzählt wird.

Wir schauen uns die große und kleine Batterie im Vorhof der Burg an. Ganz witzig finden wir, dass die Kanonen nach drei Schuss wieder auskühlen mussten, da es sonst die Rohre zerrissen hätte.

Wenn man die Kaliber von Kugeln betrachtet, die da so herumliegen, versteht man das auch. Wir betrachten eine mittelalterliche Küche, gar nicht so schlecht, und verschiedene andere Räume der Burg. Dann geht es endlich in den Saal mit den Rüstungen. Von den ersten Fell-Rüstungen bis zu den schweren englischen Rüstungen, Gewicht ca. 50 kg, ist alles da. Das ist eine beeindruckende Sammlung. Auch die Waffen sind sehenswert. Die Augen von Markus glänzen. Er ist in Gedanken bestimmt schon ein Ritter in einer dieser Rüstungen. Als der Führer dieses Rundgangs erklärt, dass das gar nicht so leicht war, in so einer Rüstung zu kämpfen, sich zu bewegen oder sogar ein Pferd zu besteigen, da hören doch alle sehr aufmerksam zu. Wenn nämlich ein Ritter in einer solch schweren Rüstung vom Pferd fiel und dann auf dem Rücken lag und wegen des Gewichts der Rüstung nicht aufstehen konnte, sah er aus wie ein Käfer, der dann nur noch mit den Beinen strampeln kann. Entweder musste man ihn wegtragen oder mit

Die Marksburg bei Braubach

viel Hilfe wieder aufrichten. Um ein Pferd zu besteigen, verwendete man so eine Art Flaschenzug.

Nachdem wir alles gesehen haben, machen wir uns wieder an den Abstieg. Mit Sorge schaue ich auf die Uhr. 13.30 Uhr und wir sind noch in Braubach. Vor 14.00 Uhr kommen wir nicht weg, das steht fest.

Im Ort kaufen wir einen Blumenstrauß für die freundliche Frau, bei der wir die Räder abstellen durften. Wir werden gebeten, einzutreten und Platz zu nehmen. Sie freut sich über die Blumen, bietet uns einen Tee an, Plätzchen dazu. Das können wir nicht ablehnen, obwohl uns die Zeit unter den Nägeln brennt. Wir haben noch ca. 20 km vor uns, vor allem müssen wir dann noch die Festung hoch.

Das wird hart.

Der Tee tut uns gut, heiß und süß ist er, und schon plaudern wir.

Wir müssen dann erzählen, woher wir kommen, wohin wir fahren, das ist immer sehr nett, aber ich sitze wie auf Kohlen. Da sagt die Frau: »Ich könnte doch mal anrufen, ob jemand ein Zimmer frei hat. Dann könntet ihr morgen weiterfahren, vielleicht ist das Wetter dann besser.« Wir sind einverstanden, obwohl unsere Erfahrung mit Zimmersuchen ja nur Frust war. Sie versucht es, aber keiner hat ein Zimmer mit vier Betten. Geht also nicht. Wir müssen weiter. Ich rufe noch in der JH Koblenz an, dass wir es auf 17.00 Uhr nicht schaffen. Sie sind sehr nett und meinen: »Meldet euch einfach, wenn ihr da seid.« Mir fällt ein Stein vom Herzen.

Also fahren wir wieder. Der Regen begleitet uns, das wird heute wohl auch so bleiben. Der Himmel ist dunkelgrau. Unsere Kleidung feuchtet langsam an, Regenjacken sind nicht immer ideal, weil man darin leicht schwitzt. Und von außen findet der Regen auch irgendwie seinen Weg ins Innere. Also ein Doppel-Effekt. Trotzdem lassen wir uns nicht unterkriegen.

An einem kleinen Gasthaus außerhalb Braubachs hängt ein Schild: *Zimmer frei.* Wir fragen nach, der Wirt schaut uns nur von oben bis unten an, schüttelt den Kopf. Vielleicht mag er keine Radfahrer.

Dann wollen wir auch nichts bei ihm essen. Also, weiter geht's!

In einer Bahnunterführung machen wir kurz Rast, wir haben noch für jeden ein Brötchen dabei. Die durften wir in der JH machen, das war nett. Jetzt haben wir nur noch Getränke dabei. »Das nächste Essen gibt's in der JH«, sage ich. Denkste!

Die Weiterfahrt ist anstrengend. Auf der Brücke bei Lahnstein streift uns fast ein Auto, das da durchbrettert. Fünf

Zentimeter Abstand, denke ich noch. Zeit zum Ärgern haben wir nicht, es lohnt auch nicht, sich aufzuregen. Solche Autofahrer gibt es immer wieder.

Aber auch nette, die uns freundlich zuwinken.

Wir erreichen Koblenz-Ehrenbreitstein. Tiefes Durchatmen, bis hierher haben wir's geschafft. Es ist schon 19.30 Uhr und wir müssen noch den Berg rauf und durch die Festung. Eine kleine Verschnaufpause, etwas trinken, dann hängen wir am Berg. Wir sind nicht allein, es sind noch mehr Radfahrer unterwegs. Es kommt uns vor, als wären es 30 % Steigung. Es ist fies, der Wegweiser zeigt auf den steilsten Weg, direkt aufwärts, so dass man an der Rückseite ankommt.

Dabei wäre der Weg von der Rheinseite her viel leichter gewesen, weil es eine Art Serpentine ist und daher von der Steigung her viel moderater. Aber das wissen wir ja nicht.

Es rächt sich, dass ich jedem der Kinder eingeschärft habe, auf ihre Fahrräder und das Gepäck zu achten, vor allem keine Fremden an ihr Fahrrad zu lassen. Und so schlagen sie jede Hilfe aus, die ihnen angeboten wird. Ich erfahre das erst, als wir oben sind, wo wir uns auf die Wiese werfen und nur noch japsen.

Einige, erzählen sie mir dann, hätten angeboten, ihnen beim Schieben des Fahrrads zu helfen. Aber sie hätten nein gesagt, weil das ja Leute waren, die wir nicht kennen.

Das Problem war auch, dass man das Fahrrad nicht einen Moment stehen lassen konnte, weil es so steil war. Eine Gruppe von JH-Gästen wollte dem Kleinen helfen, doch er schüttelte nur den Kopf. Das hatte ich wahrgenommen, aber ich wusste nicht, warum.

Da wir in den Taschen unsere Papiere haben, hatte ich sie noch mal ermahnt, darauf zu achten. Dass es so ausgehen würde, konnte ich nicht ahnen.

Mein Herz rast von der Anstrengung, ich pumpe nur noch, auch die Buben sehen nicht besser aus. Aber wir sind oben. Jetzt müssen wir nur noch durch die etwas dunklen Gänge der Festung bis hinüber zur Jugendherberge.

Das Feldtor haben wir durchfahren, im Gang hängt nur eine Funzel, die kein richtiges Licht gibt. Es ist halb dunkel da drin. Wir machen unser Licht am Fahrrad an, um besser sehen zu können.

Ich höre hinter mir eine dünne Stimme: »Mama, das ist unheimlich!« Geht mir auch so, aber ich beruhige: »Wir sind gleich da.«

Doch zuerst fahren wir mal durch das Grabentor. Es wird wieder duster. Dann sind wir auf dem Weg ins nächste Tor: Kurtine und Ravelin passieren wir. Es wird heller. Ein kleiner Anstieg noch, dann geht's hinunter in die Jugendherberge. Hier ist es hell, belebt, jemand spielt Gitarre, ist das schön, das zu hören! Wir sind da.

Die Jugendherberge ist hell erleuchtet. Wir stellen die Räder an der Seite ab. Sofort kommen Leute, die uns helfen, abzuladen. Die kleinen Taschen geben die Kinder nicht her, aber bei dem großen Gepäck lassen sie sich helfen, ich auch, und zwar gerne.

In der Anmeldung ist tatsächlich jemand da. Der Jugendherbergsvater wird geholt, begrüßt uns. Wir können uns anmelden.

Ich glaube, er ist froh, dass wir da sind. Ein großer Schäferhund »bewacht« die Anmeldung. Wir werden ermahnt, ihm nicht zu nahe zu kommen. Es ist sein Bereich, da kommt keiner an ihm vorbei.

Wir müssen viele Fragen beantworten, warum wir so spät kommen. Kurz berichtet, werden die Buben gelobt, dass sie das geschafft haben. JH-Gäste sind ja eine besondere Spezies, da wird normalerweise kein großes Aufhebens gemacht, wenn Leute ankommen. Sie helfen auch sofort, unsere Räder an einem trockenen Teil des Gebäudes abzustellen, damit sie vor dem Regen geschützt sind.

»So, so«, sagt der Herbergsvater, »das seid ihr, die uns geschrieben haben«, und er sieht meine Trabanten gründlich an. Wir fragen nach dem Zimmer und ob wir noch duschen könnten. Er meint, er zeigt uns das alles.

Das tut er auch, und mit einem feinen Lächeln in den Augenwinkeln und einem bemüht ernsten Gesicht erklärt er: »Ihr drei müsst ganz brav sein, der Herbergsvater ist nämlich ein ganz Strenger, mit sooo einem Bart bis zum Bauch, und wenn ihr was anstellt, dann sperrt er euch hier auf der Festung in ein Verlies ein. Und einen großen Hund hat er auch noch!«

Meine drei nicken ganz ernsthaft. Sie schlucken heute Nacht alles, was er erzählt. Nur der Große guckt ihn einmal etwas zweifelnd an. Da sie aber ziemlich müde sind, braucht es nicht viel, sie gewaschen, aber noch etwas hungrig ins Bett zu bringen. Außer ein paar Keksen haben wir nichts mehr gefunden, was essbar wäre. Und Abendessen gibt's leider nicht mehr, die Küche ist geschlossen. Wir müssen uns bis zum Frühstück gedulden, es ist nicht schlimm, ich glaube, sie schlafen sowieso gleich ein, sobald sie liegen. Oliver holt noch seinen Fufu aus der Tasche, Markus seinen Kater, und es dauert nur ein paar Minuten, dann schlafen sie.

Ich denke noch: Gottseidank, die letzte Etappe ohne Unfall o. Ä., dann bin ich auch schon eingeschlafen.

Am anderen Morgen verschlafen wir sogar das Frühstück. Es bleibt uns nichts anderes übrig, als in den Ort Ehrenbreitstein hinunterzugehen, um ein Frühstück zu bekommen. Wir nehmen den Fußweg und sind bald unten.

Gleich darauf stehen wir vor einer Gaststätte. Kurz entschlossen treten wir ein. Kaffee, Tee, Brötchen sind schnell bestellt, der Kaffee schmeckt scheußlich, Tee geht, sagen die Jungs. Brötchen sind in Ordnung. Dennoch fühlen wir uns hier nicht recht wohl. Wir gehen bald wieder.

Vor der Gaststätte diskutieren wir noch, ich sage: »Hauptsache, was Warmes im Magen.« Das muss sich eine Wespe auch gesagt haben, als sie sich auf meinen Oberarm setzt. Nichts machen, dann fliegt sie wieder weg, ist noch mein Gedanke, da hat sie mich schon gestochen. Also wieder Wespenarznei aus der Tasche holen, auftupfen und hoffen, dass der Arm nicht zu sehr anschwillt. So langsam habe ich genug von diesen Viechern. Fehlt nur noch der Große, dann waren wir alle dran. Hoffen wir halt, dass er verschont bleibt, obwohl die Wahrscheinlichkeit gering ist. Auf dem Ehrenbreitstein oben sind sehr viele Abfallkörbe, da schwirrt es nur so von Wespen, obwohl die Behälter zweimal am Tag geleert werden.

Heute soll es ein ruhiger, gemütlicher Tag werden. Die gestrige Fahrt sitzt uns noch in den Knochen. Sonst geht es uns gut, die Anspannung ist weg. Wir haben unser Ziel erreicht und werden in dieser Woche keine anstrengenden Ausflüge machen. Heute den Ort Ehrenbreitstein, morgen oder übermorgen vielleicht mal nach Koblenz, da gibt es ja auch genug zu sehen.

Die Buben entdecken einen Spielplatz mit einem tollen Klettergerüst aus Seilen, da kann man wunderbar drin herumturnen, was sie auch gleich machen.

Ich schaue mich ein bisschen um, der Ort liegt langgezogen am Rheinufer auf der rechten Seite, direkt unterhalb der Festung Ehrenbreitstein. Er ist recht hübsch. Den Bahnhof habe ich auch schon entdeckt. Da werden wir morgen hingehen, dann kann der Koffer die Heimreise antreten. So weit alles klar. Etwas weiter unten sehe ich die große Rheinbrücke, die den Ort Ehrenbreitstein mit der Stadt Koblenz verbindet. Da werden wir noch mit den Fahrrädern drüberfahren, dann sind wir in Koblenz mobil, das machen wir auf jeden Fall. Stadtbesichtigungen zu Fuß können sehr anstrengend sein, vor allem an heißen Sommertagen.

Wir bummeln ganz entspannt durch den Ort. Wir kaufen Postkarten, natürlich mit dem Motiv Ehrenbreitstein, die Festung macht ja auch Eindruck, wenn wir Karten verschicken. Briefmarken brauchen wir auch noch. Das werden dann die letzten Karten sein, die auf die Reise gehen. Hoffentlich haben wir niemand vergessen.

Hunger haben wir auch schon wieder. In einem Café, das

auch kleine Speisen anbietet, bestellen wir etwas. Saiten- oder Bockwürstchen, das geht immer. Ein Brötchen und ein kleines Getränk dazu, alle sind zufrieden.

Wir bleiben noch eine Weile sitzen. Heute haben wir keine Eile.

Zurück nehmen wir den langen Weg, den man von der Uferseite aus sieht, er ist nicht so steil. Aber er zieht sich, das merken wir, als es aufwärts geht. Die beiden Jüngeren spielen Abschleppdienst, nehmen mich in die Mitte und gemeinsam geht's den Berg hinauf. Letzten Endes sind wir froh, als wir oben sind.

Heute gibt es Abendessen in der JH, da freuen wir uns schon darauf. Schmeckt auch gut. Auf der Festungsmau- er sitzend verweilen wir noch etwas, man kann wunder- bar über das Rheintal blicken. Ist das schön hier, ein tiefer Seufzer von einem der Buben zeigt mir, dass sie das auch so empfinden. Die Stadt Koblenz liegt direkt vor uns und nach und nach gehen in der Stadt die Lichter an. Die Stra- ßen sind wie leuchtende Bänder von hier oben.

In der Jugendherberge ist immer noch reger Betrieb, es ist ein recht großes Gelände. Es sind viele JH-Gäste da, einige setzen sich wie wir auf die Festungsmauer, wir unterhalten uns, werden auch immer wieder gefragt, wo wir herkom- men. Inzwischen sagen wir nicht mehr: »Aus Rudersberg«, sondern: »Aus der Nähe von Stuttgart.«

Da weiß fast jeder, wo das ist. Einer fragt uns, ob wir das alles mit den Rädern gefahren sind, und wir erklären: »Nein, nur das Mittelrheintal von Bingen bis hierher nach Koblenz.« Trotzdem bekommen wir ein dickes Lob, vor allem die Buben. Manchmal denke ich, dass sie auf dieser Reise ein paar Zentimeter gewachsen sind. Aber das ist wahrscheinlich nur wegen der aufrechten Haltung, wenn sie so gelobt werden. Wirklich schön ist es, dass man sich hier völlig ungezwungen unterhalten kann, keiner »siezt«, das *Du* ist hier einfach normal.

Und wieder ist ein Tag zu Ende. »Tschüss – bis morgen«, heißt es.

Wir gehen schlafen. Der Wecker ist gestellt, wir wollen morgen früh auf keinen Fall das Frühstück verpassen.

Gestärkt machen wir uns am nächsten Tag auf den Weg hinunter nach Ehrenbreitstein. Man kann den langen, geteerten Weg nehmen oder den Fußweg, der etwas steiler abwärts führt.

Riesige Gewölbe, in den Fels geschlagen, boten der Bevölkerung hier in Kriegszeiten Schutz und ein Obdach. Der Ehrenbreitstein hat eine sehr wechselvolle Geschichte:

Römer, Kurfürsten, Spanier, Schweden, Franken, natürlich Franzosen, alle waren mal hier. Sogar die Amerikaner: Am 13.12.1918 besetzten sie die Festung. Eigentlich sollte sie zerstört werden, da sie durch den Versailler Vertrag in der entmilitarisierten Zone lag. Der amerikanische Oberbefehlshaber, General Allen, weigerte sich jedoch, die Festung zerstören zu lassen, mit der Begründung: Wert habe sie nur als geschichtliches Denkmal.

Vier Jahre wehte auf dem Ehrenbreitstein das amerikanische Sternenbanner. Danach wurde die Festung den Franzosen übergeben.

Im März 1945 zogen die Amerikaner in die fast zerstörte Stadt Koblenz ein. Wieder wehte auf der Festung Ehrenbreitstein das Sternenbanner. Es war dieselbe Flagge, die bereits nach dem 1. Weltkrieg hier gehisst wurde. Man hatte sie per Flugzeug aus Amerika kommen lassen. Nur vier Monate waren die Amerikaner auf der Festung. Am 17.7.1945 wurde die Festung an die Franzosen übergeben. Erst 1969 verließ die letzte Stabseinheit der französischen Truppen Koblenz.

Was für Geschichten!

Heute ist auf dem Ehrenbreitstein das Ehrenmal des deutschen Heeres, ebenso das Rheinmuseum, das wirklich sehenswert ist. Irgendwann in dieser Woche werden wir es besuchen. Und natürlich unsere JH, die auch in diesen historischen Gebäuden untergebracht ist.

Wir gehen zum Bahnhof, holen die letzte frische Wäsche aus dem Koffer, das reicht uns dann für diese Woche, packen unsere gebrauchte Wäsche in den Koffer und ein Fläschchen Wein dazu.

Gut umhüllt von den Kleidungsstücken wird sie die Heimreise des Koffers wohl überstehen. Den Adressaufkleber drauf, die Gebühr bezahlt. Jetzt darf er nach Hause. Der Koffer hat seinen Dienst getan.

Da wir jetzt eine schwere Tasche haben, nehmen wir für den Rückweg die Seilbahn. Das ist die bequemste Art, auf den Ehrenbreitstein zu kommen. Gilt natürlich nicht für Fahrräder, es ist ein Sessellift. Es geht steil, aber zügig aufwärts.

In der Jugendherberge ist richtig was los. Eine englische Jugend-Kapelle ist angekommen. Ich bringe schnell die Tasche ins Zimmer.

Die Jungs sind draußen auf dem Hof. Markus darf sogar eine Bärenfell-Mütze aufprobieren. »Mütze« ist gut, das ist ein Ungetüm, bestimmt vierzig Zentimeter hoch und relativ schwer. Ich glaube, er gibt sie gerne zurück.

Wir machen noch einen kleinen Spaziergang. Unten liegt das Deutsche Eck, am Zusammenfluss von Mosel und Rhein. Dass die zwei Flüsse sich hier vereinigen, kann man an der Farbe des Wassers prima sehen: Das Moselwasser ist heller als das des Rheins.

Das war nur ein kleiner Rundgang. Irgendwann diese Woche werden wir die ganze Festungsanlage besichtigen, das schafft man nicht mal so eben bei einem Spaziergang.

Auch heute Abend setzen wir uns wieder auf die Festungsmauer. So lassen wir den Tag hier ganz entspannt zu Ende gehen, frei nach dem Motto: Morgen ist auch wieder ein Tag.

Gute Nacht, gute Nacht, gute Nacht!

Wünsche ich euch auch. Schlaft schön.

Wir machen einen Ausflug nach Koblenz. Die englische Jugendkapelle spielt heute dort, auf dem großen Platz in der Mitte der Stadt. Das wollen wir uns gerne anhören.

Wir nehmen wieder den kürzeren Treppenweg. Auch heute bleiben die Fahrräder wieder oben in der Festung. Es ist diesig, also kein Wetter zum Radfahren.

Wir gehen zu Fuß in die Stadt, über die große Rheinbrücke, hinüber ins Zentrum. Der Platz sieht wie ein Viereck aus. Wir finden auch schnell eine Stelle, wo man sich unterstellen kann und so wenigstens trocken bleibt. Regenjacken haben wir zwar dabei, wir wären aber froh, wenn wir sie nicht anziehen müssten. Wir hatten Regenwetter zur Genüge und brauchen das nicht unbedingt. Wir wissen, wir können kein sonniges Wetter bestellen, aber schön wäre es schon.

Die Jugendkapelle spielt sehr gut. Wir bleiben tatsächlich dort, bis der letzte Ton verklungen ist. Sie bekommen sehr viel Beifall, den Leuten hat es gefallen, uns auch.

Ein Bummel durch Koblenz, es gibt noch viel, was wir uns angucken können.

Unser Magen meldet sich wieder. Also Pause, es gibt was zu essen. Heute ganz profan: Bratwurst und Pommes. Muss auch mal sein. Das hebt zwar unsere Laune etwas, es bleibt aber nieselig und so entschließen wir uns, zur Festung zurückzugehen. Wir nehmen wieder den langen Weg, weil er nicht so steil ist.

Heute reicht es, wir sind müde. Ab 15.00 Uhr ist die JH wieder offen. Wir legen uns ein bisschen hin und schlafen tatsächlich ein.

Auf diese Weise bleibt man abends länger wach, das hat auch was Gutes.

Später gibt es Abendessen, auch sehr gut. Also rundum alles in Ordnung.

Heute wollen wir noch mal nach Koblenz. Es gibt noch viel zu sehen. Vom Ort Ehrenbreitstein aus setzen wir mit dem Fährboot auf die andere Seite des Rheins über. Wir wollen zum Deutschen Eck, zu dem wir abends schon so oft hinuntergeschaut haben. Von der Anlegestelle in Koblenz kann man wunderbar die Rhein-Promenade entlangschlendern, sich mal auf eine Bank setzen, den Rheinschiffen zusehen, das ist immer interessant. Der Weg geht bis zum Deutschen Eck. Hier fließt die Mosel in den Rhein.

Dort steht auch das Standbild des deutschen Kaisers Wilhelm I., 1897 eingeweiht, eine Figurengruppe, natürlich mit Pferd,

15 Meter hoch, also recht imposant. Auf einem Schild steht: *Nimmer wird das Reich zerstöret, wenn ihr einig seid und treu.*

Wir diskutieren gleich mal über diesen Satz, es geht um die Frage, warum Könige, Kaiser oder Herrscher so viele Kriege führen. Wissen die denn nicht, dass dabei immer viel kaputt geht, zu viel nach unserer Meinung? Aber der da oben, auf seinem Sockel, gibt uns natürlich keine Antwort.

Wir bummeln weiter durch Koblenz. Von einem zerstörten Kloster steht noch ein Figurenbogen allein in der Landschaft. Vielleicht hat da wieder jemand etwas kaputt gemacht, vielleicht, weil er einen anderen Glauben hatte? Wir könnten es vielleicht nachlesen, aber die Buben wollen weiter.

Wir sehen unterwegs die »Papsthut«-Türme einer Kirche, ich denke: Was es nicht alles gibt. Eine Bootswerft am Moselufer interessiert heute aber mehr als die Kirche. Es ist eine Reparaturwerft. Wir dürfen zwar gucken, aber das ist auch alles. Also geht es wieder weiter.

Schließlich spielen wir Schach in den Anlagen. Woher können die Buben Schach? Ich staune immer wieder.

Am *Schängeles*-Brunnen in Koblenz machen wir Rast. Man darf diesem kleinen Gesellen aber nicht zu nahe kommen. Warum? Er sprüht jede Minute Wasser in einem Strahl aus dem Mund. Die Buben finden es lustig, weil es gerade jemand erwischt hat. Wir halten respektvollen Abstand, damit wir hier nicht auch noch nass werden.

Etwas weiter ist gerade Markt. Wir kaufen Obst und Backwerk, für jeden etwas. So ist mal wieder bestens für die Kinder gesorgt.

Dann heißt es mal wieder: Abmarsch! Zurück auf die Festung.

Ergebnis: Stadtbesichtigungen sind immer anstrengend. Eigentlich wollten wir uns in diesen letzten Tagen doch erholen, aber wir kommen einfach nicht dazu. Es gibt zu viel zu sehen, wenn man unterwegs ist. Debatte: Sessellift oder Fußweg? Fußweg, der kostet nichts. Wir haben das letzte Geld von unserem Reisesparbuch geholt, das muss reichen, bis wir heimfahren. Aber bisher haben wir das gut hingekriegt mit unserer Finanzplanung.

Wir gehen zum Abendessen in die JH und schon wieder ist ein Tag fast zu Ende. Oh nein, doch nicht, gerade hat eine Wespe nochmal den Kleinen erwischt. Er ist total sauer, davongekrabbelt sei sie auch noch. Ich glaube, das ärgert ihn am meisten. Die Arznei auftupfen darf er selber, er zeigt mir die Stelle nicht.

Am nächsten Tag bringen wir die Räder auf dem langen Festungsweg hinunter nach Ehrenbreitstein.

Bevor wir sie am Bahnhof aufgeben, fahren wir über die große Rheinbrücke noch einmal hinüber nach Koblenz. Fahren zu können ist sehr angenehm, jedoch sollte man in Koblenz keine Einbahnstraße in entgegengesetzter Richtung befahren. Ein Polizist winkt uns heran, ja eigentlich müsste man doch wissen, usw. Wir entschuldigen uns vielmals, wir hätten es im Moment nicht beachtet. Ja, woher kommt ihr denn? Wir erklären es ihm, er ist sehr freundlich, aber die Ermahnung bekommen wir trotzdem mit auf den Weg. Wir wissen ja, dass er recht hat, die StVO gilt für alle, auch für Radfahrer. Doch heute gehen die Räder zurück, dann passiert das nicht mehr.

Wir kaufen noch Jacken, sehr preiswert, sehen aber prima aus, so quasi als Andenken an Koblenz. Ich hole meine Hose aus der Reinigung. So ganz perfekt war meine Kleiderplanung doch nicht, aber das Regenwetter hatte mir einen Strich durch die Rechnung gemacht. Und wir wollen ja nicht mit schmutzigen Kleidern nach Hause fahren. In der Jugendherberge sind wir schon bewundert worden, dass wir immer noch saubere Kleidung haben. Ja, die Idee mit dem Koffer war einfach gut.

Oliver hat ein Pferd mit Planwagen entdeckt. Er will gar nicht mehr absteigen. Doch die Mechanik will Geld und so muss er, wenn er nicht zahlen will, eben doch wieder runter. So ist das Leben!

Wir fahren zurück nach Ehrenbreitstein und geben am Bahnhof die Räder auf. Jetzt dürfen sie die Heimreise antreten. Ziemlich wehmütig schauen wir ihnen nach.

Zum Trost und gegen den drohenden Abschiedsschmerz gehen wir noch mal auf den Spielplatz in Ehrenbreitstein. Die zwei Großen turnen im Seil-Sputnik herum. Oli ist auf dem Baumstamm-Turm. Da dürfen sie sich noch mal so richtig austoben.

Müde, aber zufrieden, machen wir uns auf den Heimweg. Ich brauche schon wieder den »Abschleppdienst«.

Nach dem Abendessen gibt es noch den üblichen Spaziergang, einfach noch mal die Beine vertreten, das Essen sacken lassen. Wir gehen bis zu den hohen Festungsgräben, setzen uns auf eine Bank und unterhalten uns über die Zeit, als diese Anlagen gebaut wurden, wie lange es den Ehrenbreitstein schon gibt, dass er mal zerstört und wieder aufgebaut wurde und wozu. Das fing schon an mit der Gründung von Koblenz durch die Römer. Zur Zeit von Kaiser Tiberius 14 – 37 n. Chr. wurde das erste Kastell angelegt. Die erste Siedlung hieß *Confluentes*, d. h. »die zusammenfließenden Flüsse«. Ist interessant, aber Geschichte am Abend anstrengend.

Oliver deutet zum Mond, der dick und rund am Himmel steht, und fragt: »Mama, kann der Papa den Mond jetzt auch sehen oder ist der nur bei uns?« Wir sehen ihn erstaunt an. So einen Gedanken muss man zuerst mal haben. Wir erklären ihm, dass der Mond so weit von der Erde entfernt ist, dass man ihn überall sehen kann, wenn der Himmel klar ist. Manchmal versteckt er sich hinter den Wolken. Also, man sieht ihn auch zu Hause. Oli ist zufrieden mit der Erklärung.

Es ist ein richtig schöner Abend mit angenehmen Temperaturen und so singen wir noch ein bisschen: »Der Mond ist aufgegangen«, passend zur vorigen Frage von Oli, und ein paar Wanderlieder.

Als wir aufstehen, um zur JH zurückzugehen, wird unten an der Festungsmauer Beifall geklatscht. Dann kommt von unten noch: »Das war schön, gute Nacht!«

Wir hatten gar nicht bemerkt, dass da unten Leute saßen. Die Festungsmauern sind sehr hoch. Trotzdem freut es uns. »Gute Nacht!«, geben wir zurück und machen uns auf den Weg. Bald sind wir in der JH. Wurde auch Zeit, es ist spät geworden.

Am anderen Morgen gehen wir nochmals durch die Festung und sehen uns das ganze Gelände an. Es ist ein riesiges Areal von Festungsmauern, Toren und Gebäuden. Im vorderen Teil der Anlage, in der Nähe des Grabentors, befindet sich auch das Ehrenmal des deutschen Heeres.

Wir lesen die Schrift:

Den Toten des deutschen Heeres.

1914 – 1918   1939 – 1945.

Ihr Vermächtnis: Frieden.

Wir sitzen etwas entfernt von diesem »Ehrenmal« und fragen uns, warum auch immer man Kriege führt, ob es das wert ist. Wir finden keine Antwort.

Sehr nachdenklich gehen wir zurück in Richtung des Rheinmuseums. Hier gibt es, ausgestopft, die Fischarten des Rheins zu sehen. Die Entwicklung der Schifffahrt auf dem Rhein, beginnend in den Jahren 1873 – 1890, mit der Schlepp-Schifffahrt mittels eines im Flussbett liegenden Seiles. Die Staatsjacht des Kurfürsten Clemens Wenzeslaus, 1775 – 1794. Natürlich nur als Modell, aber das reicht, um einen Eindruck zu bekommen. Ein römischer Baukran funktioniert sogar heute noch und noch vieles mehr, was man da so angucken kann. Dem Rheinmuseum angeschlossen ist das Landesmuseum technischer Altertümer. Also, viel Futter fürs Gehirn. Aber der Besuch lohnt sich, es ist wirklich interessant, auch für Kinder.

Wir haben viel Zeit gebraucht für den Rundgang und die Museen. Also bleiben wir heute oben auf der Festung. Es ist schon Mittag.

Wir treffen Herrn Trautwein, das ist der Herbergsvater, »der mit dem langen Bart und dem grimmigen Gesicht«, der aber gar nicht so ist, sondern sehr freundlich. Er macht einen Spaziergang mit seinem Hund und Markus darf ihn sogar streicheln, weil ja keine Empfangstheke da ist, die der Hund bewachen müsste. Vielleicht hat auch das Argument überzeugt, er habe gestern in Koblenz achtzehn Hunde gestreichelt. Trotzdem haben wir großen Respekt vor diesem Schäferhund. Herr Trautwein erzählt uns, dass er ein richtiger Wachhund ist, der bei der Bundeswehr ausgebildet wurde, und man sollte ihm keinen Grund für ein Missverständnis geben. Alle drei nicken zustimmend.

Herr Trautwein sagt: »Einen Gruß von meiner Frau und ich soll, wenn ich die drei Spätzles-Schwaben sehe, sagen, in der Küche gibt es noch Nudeln mit Gulaschsoße.« Ich höre nur noch: »Hurra!« und »Super!« – und weg sind sie. Herr Trautwein lacht und ich auch.

Ich hatte morgens gesagt, dass wir heute eventuell auf der Festung bleiben. Wir unterhalten uns noch ein bisschen. Später werde ich sie in der Küche abholen. Alle drei sind hochzufrieden. Der Sonntag ist gerettet. Endlich mal Nudeln! Sonst gibt es ja nur Kartoffeln.

Nachmittags unterhalten wir uns auf dem Hof der Festung noch mit dem »Muckenfänger«, das ist Herr Trautwein senior. Er sorgt dafür, dass die Abfallkörbe hier nicht überquellen. Und auch dafür, dass der Abfall in die Körbe kommt und nicht auf dem Hof der JH landet. Da kennt er kein Pardon. Wir erzählen ihm, dass wir Probleme mit Wespen hatten, und er meint, dass es diesen Sommer ganz schlimm ist. Als wir sagen, dass die Kinder heute Nudeln bekommen haben, was ja in dieser Gegend nicht so üblich ist, lacht er und meint, Nudeln würden sie bald öfter haben, nächstes Jahr übernehmen sie die JH in Stuttgart. Sie wird gerade renoviert.

Wir gehen ein Eis essen. Von der JH geht es eine kleine Anhöhe hinauf. In diesem oberen Gebäude gibt es ein kleines, aber feines Restaurant, das sehr gutes Eis hat. Das gönnen wir uns heute einfach mal. Es ist wirklich sehr gut.

Wir dürfen auch noch sitzen bleiben, der Ausblick von hier oben ist herrlich. Wir finden, das ist ein guter Abschluss einer schönen Reise.

Gegen Abend gehen wir zur JH. Das letzte Abendessen. Dann heißt es Taschen packen. Alles rein, was wir morgen nicht mehr brauchen. Ich lese noch eine der Rheinsagen vor, dann ist Ruhe.

Unsere letzte Nacht in der JH.

Morgens das Frühstück, den Rest einpacken, das ist inzwischen schon Routine. Dann gehen wir hinaus.

Wir wollen uns von unseren freundlichen Gastgebern verabschieden.

Da stehen sie alle vor der Tür der JH:

Herr und Frau Trautwein, der »Muckenfänger«,

der Hund, Markus darf ihn noch mal streicheln,

die Japaner und der »Ersatzdienstler«.

Alle winken, als wir zur Seilbahn-Station gehen. Und uns sitzt mal wieder ein Kloß in der Kehle.

169

Jetzt fahren wir nach Hause.

Der Zug kommt und wir steigen ein. Heute haben wir leichtes Gepäck.

Meine drei sitzen ganz still, kleine Tränen im Gesicht.
Eine Frau fragt: »Wo fahrt ihr denn hin?!« Antwort: »Nach Hause.«
Ich glaube, sie versteht die Welt nicht mehr.

Ankunft zu Hause: Im Kinderzimmer liegt unsere Wäsche, sauber gewaschen, gebügelt, in kleinen Stapeln.
Vater hat alles gewaschen.
Wir sind wieder da.

Kleiner Nachsatz:

Ein paar Tage später packen wir ein Päckchen. Hinein kommen 1 Flasche Rotwein *Cannstatter Zuckerle* und 1 Packung *Wibele*. Das ist eine schwäbische Spezialität, eine Art Knabbergebäck, aber süß.

Wir legen eine Postkarte von Rudersberg dazu, auf der wir uns nochmals herzlich für die Gastfreundschaft auf der Festung Ehrenbreitstein bedanken.

Und dann schreiben wir noch dazu:

Willkommen im Schwabenland.

Festung Ehrenbreitstein bei Koblenz

Dank

Begleitet hat uns auf dieser Radtour das Buch
Burgen am Rhein – Sammlung Rheinisches Land
Bd. 2. Mit einer Einführung von M. J. Mehs. Neu heraus-
gegeben von Dr. Dr. Walther Ottendorff-Simrock;
Wilhelm Stollfuß Verlag GmbH & Co. KG., Bonn

Wir danken dem Verlag Stollfuß Medien für die freundliche Erlaubnis zur Übernahme der Bilder von den Burgen und die Verwendung der vielen Informationen, die
wir diesem Buch für die Planung unserer Reise entnehmen
konnten und die dazu beigetragen haben, diese Radtour zu
einem unvergesslichen Erlebnis werden zu lassen.

Im Rhein-Museum auf der Festung Ehrenbreitstein er-
standen wir dann noch eine kleine Broschüre über die Geschichte der Festung Ehrenbreitstein, die sehr interessant
für uns war, als wir die weitläufige Festungs-Anlage des Ehrenbreitstein besichtigten.

Wir bedanken uns bei der Druckerei Görres, Nachf. A.
Spitzlei, Koblenz, für die Erlaubnis, die Informationen, die
zu einem wesentlich besseren Verständnis dessen beigetragen haben, was wir auf der Festung Ehrenbreitstein besichtigt haben, im Buch erwähnen zu dürfen.